ABHANDLUNGEN
DER AKADEMIE DER WISSENSCHAFTEN IN GÖTTINGEN

ABHANDLUNGEN
DER AKADEMIE DER WISSENSCHAFTEN
IN GÖTTINGEN

PHILOLOGISCH-HISTORISCHE KLASSE
DRITTE FOLGE
Nr. 139

GÖTTINGEN · VANDENHOECK & RUPRECHT · 1984

MITTEILUNGEN
DES SEPTUAGINTA-UNTERNEHMENS (MSU) XVII

Text und Textgeschichte des Buches Tobit

Von

Robert Hanhart

GÖTTINGEN · VANDENHOECK & RUPRECHT · 1984

Vorgelegt in der Sitzung vom 28. Oktober 1983

CIP-Kurztitelaufnahme der Deutschen Bibliothek

Hanhart, Robert:
Text und Textgeschichte des Buches Tobit / von Robert Hanhart. —
Göttingen: Vandenhoeck und Ruprecht, 1984.
(Mitteilungen des Septuaginta-Unternehmens 17) (Abhandlungen der
Akademie der Wissenschaften in Göttingen, Philologisch-Historische
Klasse; Folge 3, Nr. 139)

ISBN 3-525-82421-1

NE: Septuaginta-Unternehmen: Mitteilungen des Septuaginta-Unternehmens; Akademie der Wissenschaften 〈Göttingen〉 / Philologisch-
Historische Klasse: Abhandlungen der Akademie ...

Inhalt

Literatur

Außer den in Septuaginta, Vetus Testamentum Graecum Auctoritate Academiae Scientiarum Gottingensis editum, vol VIII, 5, Tobit ed. R. Hanhart, Göttingen 1983, S. 56 ff. verzeichneten Schriften wurde beigezogen:

A. Aejmelaeus, Parataxis in the Septuagint, A Study of the Renderings of the Hebrew Coordinate Clauses in the Greek Pentateuch, Annales Academiae Scientiarum Fennicae, Dissertationes Humanarum Litterarum 31, Helsinki 1982

O. Bardenhewer, Geschichte der altchristlichen Literatur, 3. Band, Freiburg 1912

K. Berger, Das Buch der Jubiläen, Jüdische Schriften aus hellenistisch-römischer Zeit II, 3, Gütersloh 1981

G. Bickell, Der chaldäische Text des Buches Tobias: Zeitschrift für katholische Theologie 2 (1878) 216 ff., 764 ff.

D. de Bruyne, Rezension von M. Schumpp, Das Buch Tobias 1933: RBén 45 (1933) 260 ff.

J. R. Busto Saiz, Algunas aportaciones de la Vetus Latina para una nueva edición crítica del libro de Tobit: Sefarad 38 (1978) 53 ff.

P. Deselaers, Das Buch Tobit, Orbis Biblicus et Orientalis 43, Freiburg Schweiz - Göttingen 1982

M. Dibelius - H. Conzelmann, Die Pastoralbriefe, Handbuch zum Neuen Testament 13, 3. Aufl., Tübingen 1955

A. Dihle, Die goldene Regel, Studienhefte zur Altertumswissenschaft 7, Göttingen 1962

G. Dalman, Die Worte Jesu, 2. Aufl., Leipzig 1930

J. Drusius, Critici Sacri, tom. III, Annotata ad Apocryphos, Francofurti ad Moenum 1695, Col 1597 ff.

H. Ewald, Rezension von H. Sengelmann, Das Buch Tobit, Hamburg 1857: Jahrbücher der Biblischen Wissenschaft, 9. Buch, Göttingen 1858, S. 190 ff.

J. W. Fuller, Tobit, The Holy Bible, Apocrypha, ed. H. Wace, Vol. 1, London 1888, S. 149 ff.

J. Goettsberger, Einleitung in das Alte Testament, Freiburg 1928

H. Grotius, Annotationes in Vetus Testamentum, curavit G. I. L. Vogel, tom. III, Halae 1776, S. 1 ff.

R. Hanhart, Zum Text des 2. und 3. Makkabäerbuches, MSU VII, 1961

—, Die Bedeutung der Septuaginta-Forschung für die Theologie: Theologische Existenz heute 140 (1967) 38 ff.

—, Die Heiligen des Höchsten: Hebräische Wortforschung, Festschrift zum 80. Geburtstag von W. Baumgartner, Leiden 1967, S. 90 ff.

J. R. Harris, The Double Text of Tobit: The American Journal of Theology 3 (1899) 541 ff.

R. Helbing, Die Kasussyntax der Verba bei den Septuaginta, Göttingen 1928

A. Hilgenfeld, Die Bücher Judith, Tobit und Baruch und die neue Ansicht von Hitzig und Volkmar über die Apokryphen des Alten Testaments: Zeitschrift für wissenschaftliche Theologie 5 (1862) 181 ff.

—, Moses, Ezra und Tobit unter den Apokryphen und Pseudepigraphen des Alten Testaments, ebd. 29 (1886) 130 ff.

C. F. Houbigant, Biblia Hebraica cum notis criticis, tom. II, Paris 1753, S. 541 ff.

J. Jeremias, Jerusalem zur Zeit Jesu, 3. Aufl., Göttingen 1962

P. Joüon, Quelques hébraïsmes du Codex Sinaiticus de Tobie: Biblica 4 (1923) 168–174

J. Lebram, Die Peschitta zu Tobit 7₁₁—14₁₅: ZAW 69 (1957) 185 ff.

M. Löhr, Alexandrinus und Sinaiticus zum Buche Tobit: ZAW 20 (1900) 243—263

Th. Nöldeke, Die alttestamentliche Literatur, Leipzig 1868

—, Die Texte des Buches Tobit: Monatsberichte der königlich preußischen Akademie der Wissenschaften zu Berlin aus dem Jahre 1879, Berlin 1880, S. 45 ff.

W. Reichardt, Die Briefe des Sextus Julius Africanus an Aristides und Origenes, Texte und Untersuchungen 34. Band, Heft 3, Leipzig 1909

F. H. Reusch, Das Buch Tobias, übersetzt und erklärt, Freiburg 1857

H. Rönsch, Das Buch der Jubiläen, Leipzig 1874

H. Sasse, Artikel αἰών, Theologisches Wörterbuch zum Neuen Testament I, 2. Aufl., Stuttgart 1949, S. 197 ff.

P. Saydon, Some Mistranslations in the Codex Sinaiticus of the Book of Tobit: Biblica 33 (1952) 363—365

E. Schürer, Geschichte des jüdischen Volkes im Zeitalter Jesu Christi, Band 1—3, 3. und 4. Aufl., Leipzig 1901—1909 (Englische Ausgabe: Edinburgh Band 1 1973, Band 2 1979)

M. Schumpp, Das Buch Tobias, Exegetisches Handbuch zum Alten Testament 11, Münster 1933

D. C. Simpson, The Chief Recensions of the Book of Tobit: JTh St 14 (1913) 516—530

I. Soisalon-Soininen, Der Charakter der asterisierten Zusätze in der Septuaginta, Annales Academiae Scientiarum Fennicae B 114, Helsinki 1959

—, Die Infinitive in der Septuaginta, ebd. B 132, 1, 1965

—, ἐν für εἰς in der Septuaginta: VT 32 (1982) 190—200

R. Sollamo, Renderings of Hebrew Semiprepositions in the Septuagint, ebd., Dissertationes Humanarum Litterarum 19, 1979

J. D. Thomas, The Greek Text of Tobit: Journal of Biblical Literature 91 (1972) 463 ff.

G. Winer, Grammatik des neutestamentlichen Sprachidioms, 7. Aufl., Leipzig 1867

J. Ziegler, Der Bibeltext im Daniel-Kommentar des Hippolyt von Rom: NAWG, Philolog.-Hist. Klasse, 1952, S. 163 ff. (= Sylloge 1971, S. 357 ff.)

Die Zitate der außerbiblischen griechischen Überlieferung werden nach den Abkürzungen bei Liddell-Scott gegeben.

1. Einleitung

Die griechische Überlieferung des Tobitbuches zeigt in mancher Hinsicht Verwandtschaft mit der des Buches Iudith[1]. Es wird nach dem Zeugnis des Origenes in seinem Brief an Julius Africanus[2] zu seiner Zeit in griechischer Gestalt „in den Kirchen gelesen"[3], nicht aber von den Juden, die es, wie Origenes selbst von ihnen erfuhr, zusammen mit dem Buch Iudith „auch nicht unter ihren apokryphen Schriften in hebräischer Sprache besitzen"[4]. Hieronymus aber überträgt um 400 n. Chr.[5] das auch zu seiner Zeit von den Juden nicht in den Kanon ihrer heiligen Schriften aufgenommene Buch[6] laut seines an die Bischöfe Chromatius und Heliodor gerichteten Prologs aus einem aramäischen Original, das ihm von einem beider Sprachen Mächtigen hebräisch vorgetragen wird, unter Beiziehung eines Schreibers im Zeitraum eines einzigen Tages in die lateinische Sprache[7]. Dieser Übersetzung des Hieronymus ist mit der des Buches Iudith auch gemeinsam, daß sie von den Textformen der griechischen Überlieferung in einem Maße abweicht, das nicht mehr mit der — hier auch durch das hebräische Mittelglied geförderten — Freiheit der Übersetzung erklärt werden kann, sondern eine der griechischen Überlieferung gegenüber weitgehend selbständige Vorlage voraussetzen muß, und daß sie teilweise Übereinstimmungen mit der altlateinischen Überlieferung zeigt.

Auf diesem, beiden Büchern gemeinsamen, überlieferungsgeschichtlichen Hintergrund geht aber die Textgeschichte des Buches Tobit eigene Wege:

Der griechische Text ist in zwei, zum Teil in drei Textformen überliefert, deren teilweise Übereinstimmungen zwar dermaßen eindeutig sind, daß gegenseitige Abhängigkeit mit Sicherheit angenommen werden muß, deren Unterschiede aber so tiefgreifend sind, daß ihr Verhältnis zueinander nicht als Rezension sondern als selbständige Textform bestimmt werden muß: $\mathfrak{G}^{\mathrm{I}}$, bezeugt von der Hauptmasse der griechischen Hss. und einer syrischen, der sahidischen, der äthiopischen und der armenischen Übersetzung, $\mathfrak{G}^{\mathrm{II}}$, bezeugt vom Codex Sinaiticus und, seiner Textform nahestehend, von der altlateinischen Über-

---

[1] Vgl. TGI S. 9f.

[2] Der Brief stammt wahrscheinlich aus dem Jahre 240 (vgl. W. Reichardt, Die Briefe des Sextus Julius Africanus an Aristides und Origenes, TU Bd 34, H 3 (1909) 65).

[3] χρῶνται τῷ Τωβίᾳ αἱ ἐκκλησίαι (ed. Lommatzsch XVII 42).

[4] οὐδὲ γὰρ ἔχουσιν αὐτὰ καὶ ἐν ἀποκρύφοις ἑβραϊστί (a. a. O.).

[5] Vgl. O. Bardenhewer, Geschichte der altkirchlichen Literatur, 3. Bd., 1912, S. 617.

[6] *Hebrei de catalogo divinarum Scripturarum secantes his quae Agiografa memorant manciparunt.*

[7] *Utriusque linguae peritissimum loquacem repperiens unius diei laborem arripui et quicquid ille mihi hebraicis verbis expressit haec ego accito notario sermonibus latinis exposui.* Vgl. Tob Einl. S. 14f.

setzung, der sich von 3_6—6_{16} *τουτου* die griechische Hs. 319 zugesellt, $\mathfrak{G}^{III}$, nur 6_9—12_{22} umfassend, bezeugt von den Hss. 106 und 107 (= *d*) und einer zweiten syrischen Übersetzung.

Die altlateinische Überlieferung bezeugt mehrfach vom Text des Codex Sinaiticus abweichende Lesarten. Daß sie auch hier nicht auf freier Übersetzung sondern auf von S abweichender griechischer Vorlage beruht, beweist der Text von Hs. 319[1]).

Die drei griechischen Textformen, die schon ursprünglich im Verhältnis gegenseitiger Abhängigkeit stehen, weisen auch sekundär, im Lauf der Textgeschichte, gegenseitige Berührungen auf. Sie bestehen vor allem darin, daß rezensionelle Elemente von $\mathfrak{G}^{I}$ mit der Textform $\mathfrak{G}^{II}$ zusammengehen, und daß vom Text des Codex Sinaiticus abweichende Lesarten der Vetus Latina in $\mathfrak{G}^{II}$ mit der Textform $\mathfrak{G}^{I}$ übereinstimmen.

Hinsichtlich der Textform $\mathfrak{G}^{I}$ in ihrem Verhältnis zu $\mathfrak{G}^{II}$ läßt sich aber die rezensionelle Bearbeitung nach $\mathfrak{G}^{II}$ bei keinem Einzelzeugen und bei keiner Textgruppe als eigentliches Rezensionsprinzip von der Art nachweisen, wie wir es für die als hexaplarisch vermutete und für die lukianische Rezension als Überarbeitung nach einer der Vulgata nahestehenden, verlorenen griechischen Textform im Buch Iudith feststellen konnten[2]).

---

[1]) Der 1_1—6_{13} umfassende altlateinische Text der Hs. La^W (vgl. Tob Einl. S. 11), dessen Sonderstellung innerhalb von La vor allem in wortgetreuerer Übereinstimmung mit dem griechischen Text von $\mathfrak{G}^{II}$, zuweilen auch in Berührungen mit $\mathfrak{G}^{I}$ und in Sonderlesarten besteht (vgl. Tob Einl. S. 12), weist in dem gemeinsam überlieferten Textteil $6_{9\text{-}12}$ auffallend viele Gemeinsamkeiten mit der Textform $\mathfrak{G}^{III}$ auf (s. App^{II}). Wie weit sich dieser Textcharakter in La^W auch bei dem von *d* nicht mitbezeugten Textteil 1_1—6_8 für die Textform $\mathfrak{G}^{III}$ in Anspruch nehmen läßt — G. Bickell, Der chaldäische Text des Buches Tobias, Zs. f. kath. Theologie 2 (1878) 216—222 u. 764ff., nimmt diese Textform für La^W in 5_9—6_{11} an —, läßt sich, da eindeutige Kriterien fehlen, nicht mehr entscheiden.

[2]) Vgl. TGI S. 14ff. 46ff. Die Textform der Vulgata ist in Tob, abgesehen vom innerlateinischen Problem der Berührung mit der altlateinischen Überlieferung, auch textgeschichtlich von geringer Bedeutung. P.-M. Bogaert sieht in der Lesart der Vulgata 7_9 *locuti sunt*, die in den altlateinischen Hss. M und R als Korruption aus *loti* (so La^{GX}) überliefert ist, den Beweis dafür, daß der erhaltene Text der Vulgata auch von bereits verderbter altlateinischer Überlieferung abhängig sein kann (RBén 91, Bulletin de la Bible Latine 2 (1981) 124). Die Durchdringung des Vulgatatextes mit altlateinischer Überlieferung in Tob läßt mich den analogen Sachverhalt in Idt neu überdenken (TGI S. 10 Anm. 1, 72 Anm. 5). Das Problem einer tiefgreifenden griechisch und altlateinisch überlieferten Rezension eines vorgegebenen griechischen Textes, deren Rezensionselemente sich teilweise im Text der Vulgata wiederfinden, stellt sich im Unterschied zu Idt für das Buch Tobit nicht und damit auch nicht die Frage, ob ihr Vorkommen in der Vulgata rein innerlateinischer, d.h. altlateinischer Herkunft sei (vgl. P.-M. Bogaert a.a.O. 90 (1980) 103—105). Für Idt möchte ich die textgeschichtliche Bedeutung der Berührung von griechisch und altlateinisch überlieferten Rezensionselementen, für deren hexaplarische Herkunft gute Gründe vorliegen, mit Textformen der Vulgata lediglich darin sehen, daß sich solche Rezensionselemente in einer lateinischen Überlieferung erhalten haben, deren Vorgeschichte, gleichgültig wie man sich zur Glaubwürdigkeit der von Hieronymus behaupteten aramäischen Vorlage und ihrem Verhältnis zur überlieferten Vulgata stellt (vgl. TGI S. 9f.), völlig anders verlaufen sein muß als die Vorgeschichte der altlateinischen Überlieferung, die sich auf eine erhalten gebliebene sekundäre griechische Textform zurückführen läßt.

Auch die syrische Übersetzung in der vollständig nur von Sy^O überlieferten Textform von $\mathfrak{G}^I$, die gewöhnlich als „syrohexaplarisch" bezeichnet wird, verdient diese Bezeichnung lediglich hinsichtlich ihres Übersetzungscharakters, nicht hinsichtlich ihrer Textgestalt, bzw. der ihr zugrunde liegenden griechischen Vorlage, die im Gegenteil als die unrezensierte Textform von $\mathfrak{G}^I$ bestimmt werden muß[1]).

Aus der textgeschichtlichen Tatsache, daß zwischen den drei griechischen Textformen sowohl ein Verhältnis ursprünglicher Abhängigkeit als auch ein Verhältnis sekundärer Beeinflussung besteht, ergeben sich für die Textherstellung zwei Hauptfragen, die streng voneinander unterschieden werden müssen: die Frage nach der Priorität innerhalb der drei Textformen und die Frage nach dem ursprünglichen Text einer jeden Textform für sich.

Die Frage nach dem ursprünglichen Text einer jeden Textform für sich, die im Mittelpunkt dieser Untersuchung stehen muß, steht aber zur Frage nach der Priorität innerhalb der drei Textformen insofern in einer unauflöslichen Beziehung, als die Entscheidung über den ursprünglichen Text einer Textform notwendig aus der Entscheidung darüber folgen muß, ob ein bestimmter Zeuge einer Textform die eine der beiden anderen Textformen als Vorlage für eine rezensionelle Überarbeitung kennt. Ist das der Fall, dann ist die Übereinstimmung mit einer anderen Textform in dem betreffenden Zeugen Kriterium für die Annahme eines Rezensionselements, ist es nicht der Fall, ist die Übereinstimmung Kriterium für die Annahme des ursprünglichen Textes.

Die Frage nach der Priorität innerhalb der drei Textformen, die in der vorliegenden Untersuchung nur diese dienende Funktion der Bestimmung des ursprünglichen Textes in einer jeden Textform für sich haben kann, schränkt sich grundsätzlich auf die seit dem 18. Jahrhundert umstrittene Hauptfrage ein, ob die von den meisten Zeugen überlieferte Textform $\mathfrak{G}^I$ gegenüber der

---

[1]) So ergibt sich der merkwürdige Befund, daß in Idt die Übersetzung der Peschitta eine Rezension überliefert, die mit guten Gründen als hexaplarisch bezeichnet werden darf, während in Tobit die „syrohexaplarische" Übersetzung als Zeuge eines unrezensierten Textes erscheint. Nur um den Übersetzungscharakter, nicht um die Textform, geht es in Cerianis Bestreitung der These von Nickes (Monumenta sacra et profana I, 1861, Praefatio p. X), daß die syrische Übersetzung in Idt die hexaplarische Rezension überliefere (vgl. TGI S. 14ff.). Ein verschiedener Übersetzungscharakter bei identischer oder nahe verwandter zugrunde liegender griechischer Textform läßt sich aber in Tob, im Unterschied zu Idt (vgl. TGI S. 17f.), zwischen der syrischen Übersetzung von $\mathfrak{G}^I$ und dem Text der verschollenen syrohexaplarischen Hs. des Andreas Masius nicht nachweisen — die Abweichungen von den erhalten gebliebenen Übersetzungsäquivalenten (gesammelt von A. Rahlfs in Bibliothecae Syriacae a Paulo de Lagarde collectae quae ad Philologiam Sacram pertinent, Göttingen 1892, S. 32^f) sind rein orthographischer Natur —, so daß von der Überlieferung her der syrohexaplarische Übersetzungscharakter nicht widerlegt werden kann. Das Verhältnis des Textes der Hs. von Masius zur syrischen Übersetzung der Textform $\mathfrak{G}^{III}$ von 7₁₁ ἀλλά bis zum Ende des Buches läßt sich nicht mehr bestimmen, da dieser Teil schon zur Zeit des Masius und wahrscheinlich schon in viel älterer Zeit fehlte, da diese Hs., wie A. Rahlfs zurückgehend auf E. Nestle wahrscheinlich gemacht hat, der Ursprung aller syrischen Hss. außer Sy^O gewesen ist, deren zweiter Teil eine andere Textform überliefert (vgl. A. Rahlfs a.a.O. S. 32^l).

in naher Verwandtschaft vom Codex Sinaiticus, der Vetus Latina und teilweise von Hs. 319 überlieferten Textform $\mathfrak{G}^{II}$ als primär oder als sekundär zu bestimmen sei.

Dagegen ist die nur in 6₉—12₂₂ erhaltene Textform $\mathfrak{G}^{III}$ (d) gegenüber den Textformen $\mathfrak{G}^{I}$ und $\mathfrak{G}^{II}$ schon aus dem Grund mit ziemlicher Sicherheit als sekundär einzustufen, daß sich bei ihr in diesem Textteil lediglich die verstärkte Tendenz der Annäherung an die Textform $\mathfrak{G}^{II}$ zeigt, die sich als rezensionelle Intention dieser Textgruppe bereits in den übrigen Teilen des Tobitbuches nachweisen läßt, in denen d die Textform $\mathfrak{G}^{I}$ vertritt, so daß der Text dieser Zeugen seinem Charakter nach als ein Mittelglied zwischen Textform und Rezension bestimmt werden muß. Ursprünglicher Text könnte bei diesen Zeugen darum nicht in dem Sinn vorliegen, daß ihre Textform gegenüber den beiden anderen die primäre wäre, sondern höchstens in dem Sinn, daß sie als Bearbeitung der beiden anderen Textformen zuweilen das Ursprüngliche bewahrt oder wiederhergestellt hätte[1]).

Die Frage nach der Priorität innerhalb der Textformen $\mathfrak{G}^{I}$ und $\mathfrak{G}^{II}$ muß von dem einzigen textgeschichtlichen Fixpunkt der zahlreichen wörtlich übereinstimmenden Textteile ausgehen, auf Grund derer die Annahme einer beiden

---

[1]) Mit J. R. Harris, The double text of Tobit in: The American Journal of Theology 3 (1899) 541—554, den Text von $\mathfrak{G}^{III}$ (d) in 12₈ μᾶλλον 1° — ἐλεημοσύνην] ὑπερ αμφοτερα κρεισσον ποιειν ελεημοσυνην auf Grund der Zitatkombination in PsClemRom XVI 4 (vgl. App. II) als ursprünglichen Text in Anspruch zu nehmen, muß vor allem aus dem Grund abgelehnt werden, weil der innere Widerspruch des von d überlieferten Textes, daß προσευχή und ἐλεημοσύνη zunächst als ἀγαθόν, danach ἐλεημοσύνη als ὑπὲρ ἀμφότερα κρεῖσσον bezeichnet werden, nur durch Einführung eines dem ursprünglichen Text fremden Elements, den (bei PsClem überlieferten, nicht konsequent durchgeführten) Wertvergleich von προσευχή, νηστεία und ἐλεημοσύνη erklärt werden kann. Spielt auch Sir 40₂₄ mit? Ebensowenig läßt sich der die Textform $\mathfrak{G}^{III}$ bezeugende syrische Text in seinen entweder selbständigen oder mit den Textformen $\mathfrak{G}^{I\ II}$ übereinstimmenden Abweichungen von d für die Herstellung eines hinter den drei Textformen stehenden ursprünglichen Textes in Anspruch nehmen. Der Charakter dieser von J. Lebram, Die Peschitta zu Tobit 7₁₁—14₁₅, ZAW 69 (1957) 185—211, sorgfältig zusammengestellten und diskutierten Lesarten ist wohl ein weiteres Indiz dafür, daß die vorauszusetzenden drei Textformen nach dem heutigen Stand der Überlieferung nicht mehr in ihrer ursprünglichen Gestalt rekonstruierbar sind, er bietet aber keine beweiskräftigen Kriterien weder für die These einer hebräischen Vorlage, nach der der syrische Übersetzer die ihm griechisch vorliegende Textform $\mathfrak{G}^{III}$ korrigiert hätte, noch für das Postulat, daß diese hebräische Vorlage mit dem allen drei Textformen zugrunde liegenden „Urtext" des Tobitbuches identisch sei oder ihm nahestehe. Richtig ist, daß die syrische Übersetzung eine Gestalt der Textform $\mathfrak{G}^{III}$ als Vorlage voraussetzt, die einige in d überlieferte innergriechische Wandlungen noch nicht kennt. Das gilt z.B. für 8₇, wo Sy an Stelle des in d überlieferten Ausdrucks συγκαταργγησαι τω ακαθαρτω δαιμονιω, der so zu erklären ist, daß die (innergriechische) Transformation von συγκαταγηρᾶσαι in συγκαταργησαι das Interpretament τω ακαθαρτω δαιμονιω nach sich zog (vgl. S. 45), noch die S mit La gemeinsame ältere Lesart συγκαταγηρᾶσαι voraussetzt. Innergriechischer Herkunft und darum als Argument für eine hebräische Vorlage unbrauchbar (gegen Lebram S. 206f.) ist auch die Verschreibung von στόμα in σωμα, in 13₆ als Sonderlesart von B, in 11₁₅ als Sonderlesart von S; vgl. Iob 6₄ (S!). Auch mit Ps 39 (40)₇ (vgl. ThEx 140 (1967) 55) sollten diese Stellen nicht in Zusammenhang gebracht werden.

Textformen gemeinsamen Textgrundlage notwendig ist, und muß sich hinsichtlich des Charakters der je verschiedenen Textteile auf die Hauptfrage konzentrieren, ob die Textform $\mathfrak{G}^{II}$ als Erweiterung von $\mathfrak{G}^I$ oder ob die Textform $\mathfrak{G}^I$ als Verkürzung von $\mathfrak{G}^{II}$ zu bestimmen sei.

Dieser Hauptfrage steht die untergeordnete Frage nach den Kriterien einer Texterweiterung bzw. Textverkürzung gegenüber: Wird die Überarbeitung nach der Vorlage einer dritten Textform durchgeführt oder nach exegetischen Gesichtspunkten? Handelt es sich im Fall der Überarbeitung bei der zu postulierenden Vorlage um hebräische bzw. aramäische oder um griechische Überlieferung? In dieser Hinsicht ist heute auf Grund der Übereinstimmung der aramäischen und hebräischen Fragmente von Qumran mit der Textform $\mathfrak{G}^{II}$ erwiesen, daß ihre Abweichungen von der Textform $\mathfrak{G}^I$ nicht innergriechischer Herkunft, sondern nur entweder ursprüngliche Teile einer Übersetzung oder Rezensionselemente nach einer Vorlage sein können, die auf hebräischer bzw. aramäischer Überlieferung beruht. Von diesen beiden Möglichkeiten ist die schon durch den semitisierenden Charakter dieser Textform gestützte Annahme, daß es sich hier im Ganzen um die Übersetzung einer aramäischen oder hebräischen Vorlage handelt, auch textgeschichtlich die wahrscheinlichere.

Von hier her müßte hinsichtlich der aber nur nach inneren Kriterien beantwortbaren Frage nach dem Abhängigkeitsverhältnis zwischen diesen beiden Textformen auch die Annahme der Priorität von $\mathfrak{G}^{II}$ als die wahrscheinlichere gelten, da sich im Blick auf die beiden Textformen gemeinsamen Teile, die gegenseitige Abhängigkeit beweisen, die von $\mathfrak{G}^I$ abweichenden Textelemente von $\mathfrak{G}^{II}$ nur noch unter der Voraussetzung als $\mathfrak{G}^I$ gegenüber sekundär postulieren ließen, daß es sich bei ihnen nicht um ursprüngliche Teile der Übersetzung sondern um sekundäre Rezensionselemente handelt.

Offen bliebe dann nur die Frage, ob die Entstehung der Textform $\mathfrak{G}^I$ als Bearbeitung von $\mathfrak{G}^{II}$ auf innere Kriterien oder auf das äußere textgeschichtliche Kriterium einer anderen, sei es hebräischen bzw. aramäischen, sei es griechischen, Vorlage zurückzuführen sei.

Sollte es auf Grund von inneren Kriterien des Vergleichs nicht mehr möglich sein, von diesen einfachen textgeschichtlichen Prämissen auszugehen, dann bliebe nur noch die Möglichkeit, eine differenziertere aber auch ferner liegende Art der Entstehung der beiden Textformen in ihrer überlieferten Gestalt, sei es ein erst sekundäres Zusammenwachsen zweier griechischer Überlieferungen, das die beiden Textformen gemeinsamen Teile erklärte, sei es eine auf den gleichen Übersetzer zurückgehende Übertragung zweier verschiedener hebräischer oder aramäischer Originale des Tobittextes, anzunehmen.

Immerhin muß unter diesen ferner liegenden textgeschichtlichen Möglichkeiten, damit die nunmehr durch Qumran gegebene Wahrscheinlichkeit einer der Textform $\mathfrak{G}^{II}$ vorgegebenen aramäischen oder hebräischen Vorlage nicht vorschnell als Argument für die Priorität der Textform $\mathfrak{G}^{II}$ gegenüber $\mathfrak{G}^I$ in

Anspruch genommen wird, die Möglichkeit ernst genommen werden, daß beiden Textformen eine je verschiedene aber auch ihrerseits in einem Abhängigkeitsverhältnis stehende aramäische oder hebräische Vorlage zugrunde liegt, deren Übersetzung ins Griechische auf einen Akt des Vergleichs beider Originale, sei es durch einen einzelnen Übersetzer, sei es durch eine Schule zurückzuführen wäre.

Die teilweise wörtliche Übereinstimmung, die auch bei diesen beiden hypothetisch angenommenen aramäischen oder hebräischen Vorlagen vorausgesetzt werden müßte, würde hinsichtlich der unterschiedenen Textteile gleicherweise wie bei den griechischen Textformen auch hier die Frage nach der Priorität der Überlieferungen und nach einem zugrunde liegenden Prototyp erfordern. Aber das wäre, da für die Rekonstruktion eines solchen Urtextes sowohl im hebräisch-aramäischen als auch im griechischen Bereich die Kriterien fehlen, nicht mehr eine Frage der Textgeschichte sondern eine Frage der Exegese, die nicht mehr in den Bereich dieser Untersuchung fällt.

Man wird sich bei dieser Frage hinsichtlich der Textgeschichte auch heute grundsätzlich mit der von D. de Bruyne aufgestellten Regel begnügen müssen, die auch von ihm nicht als hinreichendes Mittel für eine Textrekonstruktion verstanden worden ist, daß bei den Textteilen, bei denen innerhalb der Textform $\mathfrak{G}^{II}$ der Text des Codex Sinaiticus von dem der Vetus Latina abweicht, die Übereinstimmung der Vetus Latina mit der Textform $\mathfrak{G}^{I}$ aus dem Grund als Kriterium für die Priorität gelten darf, weil La nicht sekundär nach $\mathfrak{G}^{I}$ korrigiert[1]).

---

[1]) D. de Bruyne, Rezension von M. Schumpp, Das Buch Tobias 1933, in: RBén 45 (1933) 260—262. „La constellation S La est très bonne, mais la constellation B A La est encore meilleure" (S. 261). Wie eine Bestätigung der Regel de Bruynes mutet die sorgfältige Untersuchung von J. R. Busto Saiz, Algunos aportaciones de la Vetus Latina para una nueva edición critica del libro de Tobit (Sefarad 38 (1978) 53—69), an. Es wäre ihr abgesehen davon, daß die altlateinische Überlieferung in sich zu uneinheitlich ist, als daß sie unter dem Oberbegriff „die Vetus Latina" zusammengefaßt und zitiert werden dürfte, der Intention nach unter der Voraussetzung zuzustimmen, daß sie an Stelle der Rekonstruktion des ursprünglichen Textes auf die Feststellung der überlieferungsgeschichtlichen Priorität ausgerichtet wäre. Das Postulat einer Textrekonstruktion auf Grund der hier vorgebrachten Kriterien ist nicht nur aus dem Grund unerfüllbar, weil seine Erfüllung zuweilen Rückübersetzungen aus dem altlateinischen Text erforderte, sondern auch aus dem Grund, weil sich auch die griechische Überlieferung der Herstellung eines hinter den beiden Textformen $\mathfrak{G}^{I}$ und $\mathfrak{G}^{II}$ liegenden Urtextes verschließt. Eine solche Rekonstruktion könnte sich nur auf die drei nicht harmonisierbaren Größen der ins Griechische rückübersetzten altlateinischen Überlieferung, der nur teilweise erhaltenen Textform $\mathfrak{G}^{II}$ nach der Hs. 319 und der Textform $\mathfrak{G}^{I}$ für die Teile stützen, in denen die Vetus Latina zusammen mit $\mathfrak{G}^{I}$ gegen den Text des Codex Sinaiticus steht (vgl. S. 28 Anm. 5). Das von Hs. 319 bezeugte Stadium der Textform $\mathfrak{G}^{II}$ würde damit, obwohl es dem Text des Codex Sinaiticus gegenüber grundsätzlich primär ist, überbewertet (vgl. S. 47 Anm. 1), Teile der Textform $\mathfrak{G}^{I}$ müßten ohne Rücksicht darauf, daß es sich in ihr nach dieser Sicht um eine Bearbeitung von $\mathfrak{G}^{II}$ handelt, die doch auch den ihr mit La gemeinsamen Textteilen nicht rundweg abgesprochen werden könnte, unbesehen als „ursprünglicher Text" übernommen werden, und es entstünde bei noch so verfeinerten Mitteln der Textkritik ein neuzeitlicher Text, dem man den Vorwurf, der

Für die Bestimmung des ursprünglichen Textes dürfte aber diese Regel nur für die Rekonstruktion einer jeden der beiden Textformen für sich in Anspruch genommen werden. Und innerhalb dieser Einschränkung muß für die editorische Textdarbietung der weitere Vorbehalt gemacht werden, daß sich auch innerhalb der Textform $\mathfrak{G}^{II}$ diese Kriterien nicht mehr in der Weise verwenden lassen, daß sich der Text des Codex Sinaiticus dort, wo er von der altlateinischen Überlieferung abweicht, konsequent nach dieser korrigieren ließe. Dieser Weg der Textrekonstruktion ist ebenso wie der Versuch der Rekonstruktion eines hinter beiden Textformen stehenden Urtextes nicht nur übersetzungstechnisch wegen einer dadurch notwendigen Rückübersetzung aus dem Lateinischen verbaut — Rückübersetzungen mit dem Anspruch, das Original zu finden, sind wissenschaftlich abzulehnen —, sondern auch textgeschichtlich durch den Befund, daß die Überlieferung, die wir der Textform $\mathfrak{G}^{II}$ zuordnen — S, La und teilweise 319 — in sich zu uneinheitlich und durch zu viele fehlende Zwischenglieder durchbrochen ist, als daß sich die ursprüngliche Textform rekonstruieren ließe. Das gilt nicht nur für das Verhältnis zwischen S und La, sondern auch für das Verhältnis zwischen den beiden griechischen Zeugen S und 319. Auch hier lassen sich die Textelemente, in denen 319 und La gegen S zusammengehen, und die darum mit großer Wahrscheinlichkeit als S gegenüber primär zu bestimmen sind, aus dem Grund nicht für eine Rekonstruktion der ursprünglichen Textform $\mathfrak{G}^{II}$ verwenden, weil an diesen Stellen der ihnen gegenüberstehende Text von S nicht lediglich als Rezensionselement bestimmt werden kann, sondern als abweichender Text innerhalb der gleichen Textform bestimmt werden muß[1]). Die Korrektur des S-Textes nach La (und 319) muß sich darum auf die vor allem von Fritzsche und vorsichtiger von Rahlfs eruierten Fälle beschränken, bei denen der verderbte Text von S als Transformation oder als Fehllesung des in La (319) überlieferten Textes erklärt werden kann[2]).

---

der Göttinger Methode der Annäherung an den ursprünglichen Text oft zu Unrecht gemacht worden ist, mit Recht machen müßte: Eklektizismus. Dieser Vorbehalt soll den Wert der Untersuchung von Busto Saiz in keiner Weise schmälern, mit dem ich einig zu sein hoffe, wenn ich sein Ergebnis, „daß der zukünftige Herausgeber des Buches Tobit in der altlateinischen Übersetzung den Schlüssel für die Lösung mancher Probleme finden wird, die es ihm ermöglichen, den griechischen Text, der dem Original näher kommt, zu rekonstruieren" (S. 69), in das Ergebnis umformuliere, „daß der zukünftige Kommentator des Buches Tobit in der altlateinischen Übersetzung den Schlüssel für die Lösung mancher Probleme finden wird, die es ihm, unter Verzicht auf die Rekonstruktion eines Urtextes, ermöglichen, der Feststellung der ältesten Tobitüberlieferung näherzukommen." Vgl. S. 46 Anm. 1.

[1]) Zur Unterscheidung zwischen Textform und Rezension in der Tobitüberlieferung vgl. Tob Einl. S. 32.

[2]) Auf Grund dieser textgeschichtlichen Lage können auch die beiden in S überlieferten Lücken, obwohl sie sicher als sekundär und wahrscheinlich als Fehler eines Abschreibers zu bestimmen sind (4₇₋₁₈ 13₆₋₁₀; vgl. Einl. S. 33f.), weder in 13₆₋₁₀ nach La, noch auch in 4₇₋₁₈ nach 319 und La in der Weise korrigiert werden, daß mit Sicherheit der verlorene Text des Codex Sinaiticus wiederhergestellt würde. Der im Apparat gebotene Text ist der Versuch einer Annäherung.

Die kritische Arbeit an den drei Textformen kann sich somit nur hinsichtlich der von den meisten Zeugen überlieferten Textform $\mathfrak{G}^I$ das Ziel setzen, nach äußeren Kriterien der Überlieferung und nach inneren Kriterien der Exegese der ursprünglichen Gestalt des Textes nahe zu kommen. Sie muß sich hinsichtlich der Textform $\mathfrak{G}^{II}$ darauf beschränken, nach den gleichen Kriterien den — innerhalb dieser Textform sekundären — ursprünglichen Text des Codex Sinaiticus annähernd wiederherzustellen, und kann hinsichtlich der diesen beiden Textformen gegenüber sekundären Textform $\mathfrak{G}^{III}$ die Frage nach der älteren Textgestalt innerhalb der drei Zeugen 106, 107 (mit direkt abhängigen Hss.) und Sy fast nur noch nach dem äußeren Kriterium der Übereinstimmung mit den Textformen $\mathfrak{G}^I$ und $\mathfrak{G}^{II}$ beantworten.

Während auf Grund dieser Lage der Überlieferung die Herstellung der Textformen $\mathfrak{G}^{II}$ und $\mathfrak{G}^{III}$ nur selten Probleme der Textkritik bietet — bei $\mathfrak{G}^{II}$ geht es grundsätzlich um die Korrektur des S-Textes an den wenigen eindeutig verderbten Stellen nach der altlateinischen Überlieferung, bei $\mathfrak{G}^{III}$ um die Bestimmung der meist mechanisch erklärbaren sekundären Elemente innerhalb dieser Textform, bei der die Übereinstimmung eines griechischen Zeugen mit Sy und die Abhängigkeit von $\mathfrak{G}^{II}$ oder $\mathfrak{G}^I$ das wichtigste positive, die textverkürzende Tendenz der Hs. 107 (noch verstärkt in 125) das wichtigste negative Kriterium ist —, bildet im Tobitbuch die Frage nach dem ursprünglichen Text der Textform $\mathfrak{G}^I$ das eigentliche Problem der Textkritik.

Für diese Textform sind zunächst im Blick auf die Bücher Iudith, I. Esdras und Esther, bei denen hinsichtlich der Zuordnung der Zeugen eine weitgehend verwandte Überlieferung vorliegt, einige grundsätzliche textgeschichtliche Feststellungen zu treffen, von denen die Arbeit an der Textherstellung ausgehen muß, die aber auch durch die textkritischen Ergebnisse erst wieder bestätigt werden müssen:

1. Eine hexaplarische und eine lukianische Rezension ist nicht überliefert.
2. Die Rezensionen *a* und *b*, die auch hinsichtlich ihrer Zeugen fast völlig mit Idt, Esdr I und Est übereinstimmen (in *a* kommen 402 und 542 hinzu, in *b* fällt 46 aus), weisen auch den gleichen Rezensionscharakter auf wie in diesen Büchern. Als weiteres Rezensionselement kommen bei beiden Rezensionen sekundäre Übereinstimmungen mit $\mathfrak{G}^{II}$ hinzu.
3. Bei den in Tob neu hinzu kommenden Rezensionen *c* und *d* (1_1—6_8 13_1—14_{15}) erscheint als das charakteristische Rezensionselement die sekundäre Übereinstimmung mit $\mathfrak{G}^{II}$.
4. Zum Charakter einzelner Zeugen gilt als wichtigste Feststellung: Der textverkürzende Charakter ist Hs. 71 auch in Tob eigentümlich[1]). 370^s geht innerhalb der Rezension *a* sehr eng mit 74' zusammen. Von den Unzialen steht V der Rezension *a*, A der Rezension *b* am nächsten. Von den Codices mixti bezeugt 126 neben einer großen Zahl von Sonderlesarten auch einen

---

[1]) Vgl. Idt Einl. S. 24.

großen Teil der Rezensionselemente von a. 488 zeigt sich in starkem Maß von den Rezensionen a, b und c beeinflußt. 583 geht mehrfach mit Rezension b zusammen. Hinsichtlich des Verhältnisses der Codices mixti zu den Unzialen geht in Sekundärlesarten 46 am häufigsten mit B, 311 (wie in Est) am häufigsten mit A zusammen. Damit erweisen sich als von den Rezensionen relativ unbeeinflußte Zeugen, die zuerst als Kriterium des ursprünglichen Textes dienen, auch in diesem Buch der Codex Vaticanus und von den Codices mixti vor allem die Hss. 46, 55, 108, 318 und 392. Hinsichtlich der Zuordnung der Rezensionen zueinander gilt auch für Tob, daß a und b im Ganzen voneinander unabhängig sind, ihr Zusammengehen daher — auch gegenüber dem B-Text — als gutes Kriterium der Ursprünglichkeit in Anspruch genommen werden darf[1]).

Auf dieser Grundlage werden die Textzeugen in folgender Ordnung vorgelegt:

$\mathfrak{G}^{I}$: B A V (990: 12$_{14-19}$ mit Lücken) $a\ b\ c\ d$ (1$_1$—6$_8$ 13$_1$—14$_{15}$) 46 55 108 126
311' 318 319 (1$_1$—3$_5$ 6$_{16}$ ὅτι — 14$_{15}$) 392 488 535 583 Sy (1$_1$—7$_{11}$ νύκτα Sy,
7$_{11}$ ἀλλά — 12$_{22}$ Sy^O, 13$_{1-18}$ Sy^O Sy, 14$_{1-15}$ Sy^O) Sa Aeth Arm
Rezension a: a = 71-74-76-130-236-314-370-402-542-762
74' = 74-76
Rezension b: b = 64-98-243-248-381-728-731
Rezension c: c = 58-249-670
249' = 249-670
Rezension d: d = 106-107
Codices mixti: 46 55 108 126 311 318 319 392 488 535 583 746
311' = 311-746.

$\mathfrak{G}^{II}$: S (910: 2$_2$ πολ]λα — 8 και ιδου) 319 (3$_6$—6$_{16}$ τουτου) La[2]).

$\mathfrak{G}^{III}$: d (6$_9$—12$_{22}$) Sy (7$_{11}$ και νῦν — 12$_{22}$).

Von diesen textgeschichtlichen Voraussetzungen her ergibt sich der Gang der Untersuchung notwendig: Die Bestimmung des Charakters der beiden Textformen $\mathfrak{G}^{I}$ und $\mathfrak{G}^{II}$ und ihrer gegenseitigen Abhängigkeit muß das erste Kriterium ergeben, nach welchem mit einiger Sicherheit entschieden werden kann, ob nur von einem Teil der $\mathfrak{G}^{I}$-Zeugen überlieferte Textelemente, die mit dem Text von $\mathfrak{G}^{II}$ übereinstimmen, als ursprünglicher, beiden Textformen gemeinsamer Text, oder als Rezension der Textform $\mathfrak{G}^{I}$ nach $\mathfrak{G}^{II}$ zu bestimmen sind. Die Bestimmung des Charakters der einzelnen $\mathfrak{G}^{I}$-Zeugen, der vier Rezensionen und der Unzialen mit den von ihnen abhängigen Minuskeln,

---

[1]) Vgl. Idt Einl. S. 32, TGI S. 75 ff.
[2]) Im App. zu $\mathfrak{G}^{II}$ wird auch die Überlieferung notiert, die sich nicht mit Sicherheit einer der beiden vollständig erhaltenen Textformen $\mathfrak{G}^{I}$ und $\mathfrak{G}^{II}$ zuordnen läßt: Sy$^{(-O)}$ in Kap. 14 und Anspielungen griechischer Kirchenschriftsteller, bei denen eine nicht mehr erhaltene Vorlage denkbar ist.

nach ihrer allgemeinen Rezensionsweise und nach ihrem besonderen Verhältnis zur Textform $\mathfrak{G}^{II}$ ergibt das zweite Kriterium der Textherstellung: Wenn sich das Rezensionsprinzip der Überarbeitung nach der Textform $\mathfrak{G}^{II}$ erweisen oder doch wahrscheinlich machen läßt, müssen die übereinstimmenden Textelemente als sekundär ausgeschieden werden. Auf der textgeschichtlichen Grundlage dieser beiden Kriterien müssen die nach ihrer Überlieferung und nach ihrem Aussagegehalt umstrittenen Stellen auf die ursprüngliche Textgestalt hin befragt werden.

2. Die drei Textformen und ihr Verhältnis zueinander

Die Gemeinsamkeit der Textformen $\mathfrak{G}^{\mathrm{I}}$ und $\mathfrak{G}^{\mathrm{II}}$, die ihrem Charakter nach nur als literarische Abhängigkeit bestimmt werden kann, zeigt sich in den umfangreichen Textteilen, bei denen die beiden Textformen entweder wörtlich oder mit nur geringen der Priorität nach nicht bestimmbaren Abweichungen miteinander übereinstimmen.

Die Unterschiedenheit der beiden Textformen zeigt sich zuerst in den $\mathfrak{G}^{\mathrm{I}}$ gegenüber erweiterten Teilen der Textform $\mathfrak{G}^{\mathrm{II}}$, die ihrem Charakter nach nur entweder als Ausgestaltung der vorgegebenen Textform $\mathfrak{G}^{\mathrm{I}}$, oder aber als Vorlage für eine in der Textform $\mathfrak{G}^{\mathrm{I}}$ vorgenommene bewußte Textkürzung bestimmt werden können.

Die Unterschiedenheit der beiden Textformen zeigt sich aber auch mehrfach in je verschiedenen Formulierungen, die hinsichtlich der Priorität schwer bestimmbar sind, und die hinsichtlich ihres Charakters nur als bewußte Umformulierung des Verfassers, sei es auf Grund einer bestimmten Intention, sei es auf Grund einer anderen Vorlage, bestimmt werden können.

Innerhalb dieser Unterschiedenheiten quantitativer und qualitativer Natur muß zuerst nach den Fällen gefragt werden, bei denen sich ein Textelement der einen Textform leichter als Bearbeitung, sei es als Ausgestaltung oder als Verkürzung nach einer erkennbaren Tendenz, sei es als formale Umwandlung oder als inhaltliche Umdeutung einer schwer verständlichen Vorlage, erklären läßt.

Diese Frage hat die Forschung schon vor der Auffindung einer griechischen Gestalt der Textform $\mathfrak{G}^{\mathrm{II}}$ im Codex Sinaiticus auf Grund des Vergleichs der Textform $\mathfrak{G}^{\mathrm{I}}$ mit der altlateinischen Überlieferung beschäftigt; sie ist aber erst in der Auseinandersetzung mit dem Text des Sinaiticus zum zentralen Thema der Textforschung am Tobitbuch geworden[1]). Sie ist heute auf Grund

---

[1]) Die wichtigsten Befürworter der Priorität von $\mathfrak{G}^{\mathrm{I}}$ sind: O. F. Fritzsche (1853 und 1871), A. Hilgenfeld (ZWTh 5 (1862) und 29 (1886)), Th. Nöldeke (Die alttestamentliche Literatur 1868, und Die Texte des Buches Tobit 1880), M. Löhr 1900, J. Goettsberger (Einleitung in das Alte Testament 1928), M. M. Schumpp 1933. Die wichtigsten Vertreter der Priorität von $\mathfrak{G}^{\mathrm{II}}$ sind: H. Ewald (Jb. d. bibl. Wiss. 9 (1858)), H. Graetz (MGWJ 1879), E. Nestle 1899, D. C. Simpson 1913, D. de Bruyne 1933, F. Zimmermann 1958, J. R. Busto Saiz 1975 und 1978. Von der anfänglichen Entscheidung für $\mathfrak{G}^{\mathrm{I}}$ zur späteren Befürwortung der Priorität von $\mathfrak{G}^{\mathrm{II}}$ ging F. H. Reusch (1857 und 1870) über, während E. Schürer 1878 sein anfängliches, von Fritzsche beeinflußtes Eintreten für $\mathfrak{G}^{\mathrm{I}}$ (ThLZ 3 (1878) 161 f.) zugunsten von $\mathfrak{G}^{\mathrm{II}}$ widerrief (ebd. 333 f.), danach in der 2. und 3. Auflage seiner Geschichte des jüdischen Volkes im Zeitalter Jesu Christi (1886 und 1898) unter Einfluß von Th. Nöldeke vorsichtig wieder für $\mathfrak{G}^{\mathrm{I}}$ eintrat, um sich in der letzten Auflage von 1909 endgültig für die Priorität von $\mathfrak{G}^{\mathrm{II}}$ zu erklären. Die Offenheit der Diskussion

der aramäischen und der hebräischen Tobittexte von Qumran nur insofern in ein neues Stadium getreten, als die Existenz einer aramäischen bzw. hebräischen Grundlage der Textform $\mathfrak{G}^{II}$ gesichert ist, ein Befund, der das Abhängigkeitsverhältnis immerhin in der Weise zugunsten der Priorität dieser Textform bestimmt, daß die Textform $\mathfrak{G}^{I}$ auf Grund der mit $\mathfrak{G}^{II}$ wörtlich übereinstimmenden Teile nur noch unter der Voraussetzung als primär postuliert werden könnte, daß diese Textform in ihrer griechischen Gestalt als Vorlage für die Übersetzung der Textform $\mathfrak{G}^{II}$ gedient hätte[1]).

Die Frage der gegenseitigen Abhängigkeit der beiden Tobittexte muß darum trotz der Funde von Qumran, deren Beiziehung, solange ihre vollständige Edition fehlt, nur in beschränktem Maße möglich ist[2]), auch heute noch unabhängig von der hebräischen bzw. aramäischen Vorlage diskutiert

---

zeigt sich darin, daß noch von den letzten katholischen Kommentatoren deutscher Sprache der eine, A. Miller 1940, die Priorität von $\mathfrak{G}^{II}$, der andere, Fr. Stummer 1950, die Priorität von $\mathfrak{G}^{I}$ verfocht. Daß diese Diskussion auch nach den Funden von Qumran weitergehen muß, zeigt in der jüngsten Tobitforschung die Stellungnahme von P. Deselaers, Das Buch Tobit, 1982, welcher gegenüber der von ihm seltsamerweise als ,,neuesten Datums" bezeichneten These von J. D. Thomas, The Greek Text of Tobit, JBL 91 (1972) 463—471, daß ,,die Textversion des Codex Sinaiticus gegenüber den jeweils fast identischen des Codex Vaticanus und des Codex Alexandrinus ursprünglicher und von einem aramäischen Original abhängig" sei, für die Priorität der Textform $\mathfrak{G}^{I}$ mit der Erklärung eintritt: ,,Die Textrezension B A ist in griechischer Sprache geschrieben. Sie ist das ,,Original" der Tobiterzählung. Von ihr hängen alle weiteren Tobitrezensionen ab. Die Textversion S ist mit Hilfe von B A für einen neuen Adressatenkreis verfaßt worden. Ob sie zunächst aramäisch geschrieben war, muß hier offen bleiben" (S. 19). Hier dürfte allerdings unter der Voraussetzung, daß ,,die Textrezension B A in griechischer Sprache geschrieben", was, um nicht eine Tautologie zu sein, doch nur bedeuten kann ,,ursprünglich griechisch" geschrieben ist, die Frage nicht undiskutiert bleiben, wie sich Vf. dann die Möglichkeit eines aramäischen Originals der von der ,,Textrezension B A" abhängigen ,,Textversion S" erklärt. Beruhten dann die umfangreichen bei beiden Textformen wörtlich übereinstimmenden Teile in der aramäischen Grundform der Textversion S auf Rückübersetzungen, und wäre die wörtliche Übereinstimmung in der griechischen Gestalt bei dieser Version statt aus der Übersetzung einer aramäischen Vorlage aus einem erneuten Rückgriff des griechischen Übersetzers auf die Textrezension B A zu erklären? Auch vermögen die vom Vf. vorgebrachten Kriterien für die Annahme der Priorität der Textform $\mathfrak{G}^{I}$, deren nur mit Verszahlen genannte, nicht begründete Beispiele (S. 20) zum größeren Teil nicht einmal für diese Erscheinungen repräsentativ sind, und die ausnahmslos für die Bestimmung literarischer Abhängigkeit nicht brauchbar sind — die ,,Verbesserungen inhaltlicher und stilistischer Art", die ,,theologisierenden Erweiterungen" und die ,,präzisierenden Lokalisierungsversuche" fallen hier in die Kategorie der Alternative ,,Kürzung oder Erweiterung"; ,,Hapaxlegomena", d.h. seltene oder unbekannte Wortbildungen, sind für einen Bearbeiter noch eher Motive der Tilgung als der Einführung, und ,,typisch griechische Konstruktionen" werden von einem griechischen Bearbeiter sicher noch eher eingeführt als daß sie von ihm ,,aufgelöst und verändert" würden —, nicht Überzeugung, sondern nur die Trauer über die fortschreitende Nivellierung der Diskussion und über den Verlust stichhaltigerer Argumente für die These der Vf. zu wecken, die sich in der älteren Literatur zum Tobitbuch finden.

[1]) Vgl. S. 16ff.
[2]) Eine ausführlichere Untersuchung dieses Problems ist für den Zeitpunkt des Erscheinens dieser Edition vorgesehen. Zum Inhalt der Fragmente von Qumran vgl. vorläufig die Liste von J. T. Milik, La patrie de Tobie, RB 73 (1966) 522—530: 522 Anm. 3.

werden. Im vorliegenden Zusammenhang kann es nur um die textgeschichtlich bedeutsamen Stellen gehen:

1. 1₅ 𝔊ᴵ: καὶ πᾶσαι αἱ φυλαὶ αἱ συναποστᾶσαι ἔθυον τῇ Βάαλ τῇ δαμάλει καὶ ὁ οἶκος Νεφθαλεὶμ τοῦ πατρός μου.

   𝔊ᴵᴵ: πάντες οἱ ἀδελφοί μου καὶ ὁ οἶκος Νεφθαλεὶμ τοῦ πατρός μου, ἐθυσίαζον ἐκεῖνοι τῷ μόσχῳ, ὃν ἐποίησεν Ἱεροβεὰμ ὁ βασιλεὺς Ἰσραὴλ ἐν Δάν, ἐπὶ πάντων ὀρέων τῆς Γαλιλαίας.

Es geht hier nicht nur um Textverkürzung in 𝔊ᴵ bzw. um Erweiterung in 𝔊ᴵᴵ — in dieser Hinsicht sind beide Möglichkeiten vertretbar; 𝔊ᴵᴵ müßte als Erweiterung, vor allem wegen des überflüssigen Pronomens ἐκεῖνοι auf eine semitisierende Grundlage zurückgeführt werden, 𝔊ᴵ entspräche als Textverkürzung, abgesehen von der auch von 𝔊ᴵᴵ als Vorlage her schwer erklärbaren Nachstellung des zweiten Subjekts ὁ οἶκος N. τοῦ πατρός μου, mehr griechischer Syntax —; es geht hier vor allem um die je verschiedene Definition des unter Jerobeam eingeführten Kultdienstes und den je verschiedenen Wortgebrauch, als Opferdienst für das als μόσχος bezeichnete Kalb zu Dan in 𝔊ᴵᴵ, als Opfer für das mit einer weiblichen Gottheit Βάαλ identifizierte und als δάμαλις bezeichnete Kalb in 𝔊ᴵ[1]). Die weibliche Gottheit Βάαλ ist in LXX mehrfach nachgewiesen[2]). Für עגל(ה) ist als Äquivalent sowohl δάμαλις als auch μόσχος mehrfach belegt, hinsichtlich des Kultobjekts δάμαλις in Reg III 12₂₈ff., μόσχος in Exod 32. Beides spricht für bewußte Anlehnung an vorgegebene Tradition. Die Frage der Priorität läßt sich nicht beantworten.

2. 1₇b 𝔊ᴵ: πάντων τῶν γενημάτων τὴν δεκάτην ἐδίδουν τοῖς υἱοῖς Λευὶ τοῖς θεραπεύουσιν εἰς Ἱερουσαλήμ.

   𝔊ᴵᴵ: καὶ τὴν δεκάτην τοῦ σίτου καὶ τοῦ οἴνου καὶ ἐλαίου καὶ ῥοῶν καὶ τῶν σύκων καὶ τῶν λοιπῶν ἀκροδρύων τοῖς υἱοῖς Λευὶ τοῖς θεραπεύουσιν ἐν Ἱερουσαλήμ.

Die Naturalgaben für den Zehnten sind in 𝔊ᴵᴵ einzeln aufgezählt, in 𝔊ᴵ mit dem Oberbegriff πάντων τῶν γενημάτων zusammengefaßt. Die Wahl dieses Begriffs ist kein Argument für seinen 𝔊ᴵᴵ gegenüber sekundären Charakter, weil er als Bezeichnung für den Zehnten in älterer LXX-Tradition verankert ist (Deut 14₂₁ (₂₂)). Die Stellung dieses Genitivattributs vor seinem Beziehungsnomen[3]) entspricht zwar dem eindeutig stärker gräzisierenden Charakter der

---

[1]) Der nicht annehmbare Vorschlag Houbigants (Biblia Hebraica II, 1753, S. 555), τῇ ἐν Βαιθήλ für τῇ Βάαλ zu lesen, würde nichts an der inhaltlichen Diskrepanz ändern.

[2]) Z.B. Reg IV 21₃, Ier 2₈ 7₉ u.ö., Soph 1₄; vgl. auch Rom 11₄ (Reg IV 19₁₈ mit gespaltener Überlieferung).

[3]) Die sinnlose Beziehung auf das vorangehende θυσιαστήριον in den alten Editionen Ald Compl Sixt, die von Drusius (s. Criticorum Sacrorum tomus III, Frankfurt 1695, col 1603) und nach ihm von Houbigant (Biblia Hebraica tomus II, S. 555) korrigiert worden ist, ist zwar in den neueren Kommentaren erkannt, aber noch in den Editionen von Tischendorf, Swete, Br.-M. und Rahlfs beibehalten worden.

Textform $\mathfrak{G}^{\mathrm{I}}$, ist aber weder ein Indiz für die literarische Abhängigkeit von $\mathfrak{G}^{\mathrm{II}}$ noch gegen die Möglichkeit einer hebräischen Vorlage von $\mathfrak{G}^{\mathrm{I}}$. Das gilt auch für das Verhältnis der beiden Textformen im folgenden Vers 8, wo die in $\mathfrak{G}^{\mathrm{II}}$ aufgezählten verschiedenen Empfänger des Zehnten in $\mathfrak{G}^{\mathrm{I}}$ unter dem Begriff οἷς καθήκει zusammengefaßt erscheinen.

Abgesehen von der je verschiedenen Ausführlichkeit in der Nennung der Abgaben und der Empfänger bleibt die Gliederung der Aussagen in beiden Textformen weitgehend die gleiche: Zuerst wird alles, was Tobit als Abgaben nach Jerusalem bringt, τὰς ἀπαρχὰς καὶ τὰς δεκάτας τῶν γενημάτων καὶ τὰς πρωτοκουρίας in $\mathfrak{G}^{\mathrm{I}}$, τὰς ἀπαρχὰς καὶ τὰ πρωτογενήματα καὶ τὰς δεκάτας τῶν κτηνῶν καὶ τὰς πρωτοκουρὰς τῶν προβάτων in $\mathfrak{G}^{\mathrm{II}}$, als Gabe an den Altar und für die Priester bestimmt (6 b-7 a)[1]. Dann wird innerhalb dieser Gesamtheit differenziert in den Zehnten an Naturalgaben für die Leviten in Jerusalem (7 b), in den „zweiten Zehnten" des verkauften Teils für den eigenen Gebrauch (7 c) und in einen dritten Teil, der für die Waisen, die Witwen und die Proselyten bestimmt ist. Der wichtigste Unterschied zwischen beiden Textformen besteht darin, daß dieser letzte Teil in $\mathfrak{G}^{\mathrm{I}}$ ausdrücklich als der dritte (ἡ τρίτη) Zehnte unterschieden wird, während er in $\mathfrak{G}^{\mathrm{II}}$, wo er mit der vorangehenden Aussage über den zweiten Zehnten mit der Formulierung καὶ ἐδίδουν αὐτά verbunden wird, als mit diesem identisch erscheint. Das dürfte auf eine ungenaue Übersetzung zurückzuführen sein, da von diesem Zehnten in $\mathfrak{G}^{\mathrm{II}}$ ausdrücklich gesagt wird, daß er den Bedürftigen in jedem dritten Jahr übergeben worden sei, während vom zweiten Zehnten gesagt war, daß er jährlich zum eigenen Genuß verzehrt wurde. Hinsichtlich der literarischen Abhängigkeit ließe sich darum der Text von $\mathfrak{G}^{\mathrm{I}}$ besser als Kürzung und zugleich Verdeutlichung des Textes von $\mathfrak{G}^{\mathrm{II}}$ erklären. Dagegen sprächen auch nicht die beiden geringen sachlichen Diskrepanzen. Die Definition des letztgenannten Zehnten als ἡ τρίτη δεκάτη in $\mathfrak{G}^{\mathrm{I}}$ könnte abgesehen von der verdeutlichenden Tendenz auch darin mitbegründet sein, daß er in $\mathfrak{G}^{\mathrm{II}}$ als ἐν τῷ τρίτῳ ἔτει dargebracht bezeichnet wird. Daß $\mathfrak{G}^{\mathrm{I}}$ in der summarischen Zusammenfassung aller Güter als Gaben für den Priester an Stelle der in $\mathfrak{G}^{\mathrm{II}}$ genannten „Erstlingsfrüchte und Viehzehnten", τὰ πρωτογενήματ ι καὶ τὰς δεκάτας τῶν κτηνῶν, „die Zehnten der Früchte" nennt, könnte mit seiner textverkürzenden Absicht erklärt werden.

Gegen eine rein literarische Erklärung der Gemeinsamkeiten und Unterschiede spricht aber die übrige alttestamentliche Tradition über den Zehnten.

---

[1]) So ist sicher $\mathfrak{G}^{\mathrm{I}}$ zu verstehen; denn die hier aufgezählten „Zehnten der Feldfrüchte" werden danach als „Gabe für die Leviten" präzisiert. Aber auch die beiden Textformen gemeinsame Formulierung, daß Tobit mit diesen Gaben in Händen (ἔχων) nach Jerusalem ging, um sie den Priestern für den Altar zu geben, spricht dafür, daß hier die Gesamtheit dessen gemeint ist, was nachher als Gabe an je verschiedene Empfänger spezifiziert wird. Die Wiederholung des Zehnten der Früchte in $\mathfrak{G}^{\mathrm{I}}$ darf darum nicht mit J. Jeremias (Jerusalem zur Zeit Jesu, 3. Aufl., Göttingen 1962, S. 151, Anm. 1) als Argument für seine $\mathfrak{G}^{\mathrm{II}}$ gegenüber sekundäre Natur in Anspruch genommen werden (vgl. S. 26, Anm. 1).

Im AT sind zwar alle Elemente der in den beiden Tobittexten bezeugten Aussagen über den Zehnten überliefert, jedoch noch nicht in der gleichen Zuordnung. Nach der wahrscheinlich ältesten deuteronomischen Regel erscheint der in 𝔊ᴵ als der dritte bezeichnete in dreijährigem Turnus entrichtete Zehnte für die Bedürftigen in der Weise, daß zu den Fremden, Witwen und Waisen als vierte Instanz die Leviten hinzukommen (Deut 14₂₇₋₂₉). Dieser Zehnte, nicht wie in Tob der für den eigenen Gebrauch bestimmte, wird erst in der Übersetzung der LXX (Deut 26₁₂), durch eine Fehlübersetzung der Näherbestimmung des dritten Jahrs als „Jahr des Zehnten", שנת המעשר, in 𝔐, als „der zweite Zehnte", τὸ δεύτερον ἐπιδέκατον bezeichnet. Der Zehnte aus dem Ernteertrag und der Zehnte, der in Geld eingelöst wird, erscheinen im deuteronomischen Gesetz nicht wie in Tob aufgeteilt, der erstere für den Leviten, der letztere für den eigenen Gebrauch, sondern beide für den eigenen Gebrauch bestimmt (Deut 14₂₂₋₂₃ ₂₄₋₂₆). Der Viehzehnte, den in der Tobittradition nur 𝔊ᴵᴵ, unter den Gaben für den Priester, bezeugt, ist im AT nur priesterschriftlich, neben dem Zehnten des Ernteertrages, als Gabe, die „Jahwe geheiligt ist", überliefert (Lev 27₃₀₋₃₃)[1]. Die alttestamentliche Tradition, die der des Tobitbuches am nächsten kommt, ist die Bezeugung des Zehnten für den Leviten als selbständige, nicht den übrigen Bedürftigen zugeordnete Abgabe, die damit zum wichtigsten Teil der Gesetze über den Zehnten erhoben wird; es ist die Tradition der Bücher Chronik - Esra - Nehemia, die dem spätesten Stadium alttestamentlicher Überlieferung zugehört (2. Chron 31₅ ff. Neh 10₃₈ 12₄₄ 13₅ ₁₀). Von der nachalttestamentlichen (vorrabinischen) Überlieferung kommen zwei Texte der Tobittradition noch näher: das Buch der Jubiläen, das unter den Zehnten, die Levi als Priester in Bethel dargebracht werden, wie 𝔊ᴵᴵ auch den Viehzehnten nennt (32₈), und das wie beide Tobittexte den Zehnten als den „zweiten" bezeichnet, „der Jahr für Jahr vor Gott (vom Darbringenden selbst) an dem Ort gegessen wird, der erwählt ist" (10), und Josephus, der der Gliederung nach genau 𝔊ᴵ entsprechend, der Aussage nach aber ausführlicher im Sinn von 𝔊ᴵᴵ formulierend, drei Arten von Zehnten aufzählt und den ersten als den Levitenzehnten (τὴν μὲν τοῖς Λευίταις), den zweiten als den für den eigenen Genuß bestimmten (τὴν δ' ἑτέραν πρὸς τὰς εὐωχίας) und den dritten als den Zehnten bezeichnet, der jedes dritte Jahr zur Austeilung an die Bedürftigen, die Witwen und die Waisen, dienen soll: τρίτην πρὸς αὐταῖς κατὰ τὸ ἔτος τρίτον συμφέρειν εἰς διανέμησιν τῶν σπανιζόντων γυναιξί τε χήραις καὶ παισὶν ὀρφανοῖς (Ant IV 240).

Für unsere Frage nach der gegenseitigen Abhängigkeit der beiden Tobittexte ergibt sich aus diesem Befund, hinsichtlich der vorgegebenen alttestamentlichen Überlieferung, daß sich wohl ein vorsichtiger Schluß auf das ungefähre Alter der in beiden Texten gemeinsam überlieferten Vorstellung ziehen

---

[1] Im deuteronomischen Gesetz wird an entsprechender Stelle die Erstgeburt von Rindern und Schafen genannt (Deut 14₂₃).

läßt, — es ist die frühhellenistische Zeit, in der auch das Chronikwerk entstanden ist —, nicht aber ein Schluß auf eine zeitliche Ordnung, geschweige denn literarische Abhängigkeit zwischen beiden Texten[1]. Hinsichtlich der nachalttestamentlichen Überlieferung ergibt sich bei beiden Tobittexten das Zusammengehen mit der Vorstellung des Jubiläenbuchs in der Bezeichnung des für den Gebrauch des Darbringenden bestimmten Zehnten als „der zweite Zehnte" und für die Textform $\mathfrak{G}^{I}$ im Besonderen die Übereinstimmung mit Josephus in der — bei $\mathfrak{G}^{II}$ noch nicht so deutlich feststellbaren — Dreiteilung der Zehnten und ihrer inhaltlichen Definition (1) für den Leviten, (2) für den Darbringenden selbst und (3) für die Bedürftigen. Daraus folgt für die Frage der literarischen Abhängigkeit zwischen den beiden Tobittexten, daß zwar die unterschiedliche Ausführlichkeit sowohl als rezensionelle Textverkürzung als auch als Erweiterung erklärt werden kann, daß aber die ausdrückliche Dreiteilung der Zehnten in $\mathfrak{G}^{I}$, wenn sie als bewußte Änderung der Textform $\mathfrak{G}^{II}$ bestimmt wird, auf der Grundlage einer von $\mathfrak{G}^{II}$ unabhängigen Überlieferung beruhen muß, die bei Josephus erhalten geblieben ist[2]. Immerhin bleibt es von diesen Ergebnissen her wahrscheinlicher, daß $\mathfrak{G}^{I}$ eine jüngere Textform vertritt, und daß ihr kürzerer Text teilweise auf bewußter Kürzung der vorliegenden Textform $\mathfrak{G}^{II}$ beruht. Dafür spricht in diesem Zusammenhang auch, daß in $\mathfrak{G}^{I}$ durch die Zusammenfassung der Empfänger des dritten Zehnten, der Waisen, der Witwen und der Proselyten, in dem Ausdruck οἷς καθήκει der

---

[1] Es dürfte kaum möglich sein, mit E. Schürer (Geschichte des jüdischen Volkes im Zeitalter Jesu Christi III, 1909, S. 243) und J. Jeremias (vgl. S. 24, Anm. 1), die Nennung des Viehzehnten nur in $\mathfrak{G}^{II}$ in der Weise historisch und textgeschichtlich auszudeuten, daß seine Einreihung unter die Gaben für den Priester in $\mathfrak{G}^{II}$ und seine Nichtnennung in $\mathfrak{G}^{I}$ die je verschiedene Situation seiner Verwendung, einerseits für Heiligtum und Priester im priesterschriftlichen Gesetz und in den Jubiläen, andererseits für den Darbringenden selbst nach dem in der Mischna kodifizierten Recht (vgl. Schürer II, 1907, S. 306, Englische Ausgabe, Edinburgh 1979, S. 264) widerspiegle. Das mag für $\mathfrak{G}^{II}$ insofern richtig sein, als dort die als Gaben für den Priester aufgezählten Darbringungen, da sie durchgehend von den danach aufgezählten Arten von Zehnten verschieden sind, vielleicht nicht, wie in $\mathfrak{G}^{I}$, wo der Zehnte an Früchten sowohl als Gabe für den Priester als auch für den Leviten erscheint, die Bedeutung eines umfassenden Summariums für alle Darbringungen am Heiligtum haben — als historischer Schluß ergäbe sich daraus nur der ohnehin eher selbstverständliche der Ansetzung in der dem Mischna-Recht vorangehenden Zeit, in welcher der Viehzehnte im priesterschriftlichen Gesetz allgemein als Gabe erscheint, „die Jahwe geheiligt ist" (Lev 27₃₂), im Buch der Jubiläen als Zehnter für den Priester Levi (?, 32₈; der Text ist ungesichert) —; das ist aber für $\mathfrak{G}^{I}$ insofern abzulehnen, als das Fehlen des Viehzehnten in dieser Textform als bewußte Änderung auf Grund der von $\mathfrak{G}^{II}$ abweichenden Voraussetzungen des mischnischen Rechts interpretiert wird; denn dieser Unterschied entspricht lediglich dem allgemeinen $\mathfrak{G}^{II}$ gegenüber verkürzenden Textcharakter der Textform $\mathfrak{G}^{I}$.

[2] Daß der Text des Josephus auf der Kenntnis der Tobitüberlieferung beruhen könnte, ist aus dem Grund nicht anzunehmen, daß Josephus Tobit nirgends zitiert. Die scheinbare Verbindung von Elementen aus $\mathfrak{G}^{II}$ (die Nennung der Arten von Bedürftigen (ohne die Proselyten), das dritte Jahr) und aus $\mathfrak{G}^{I}$ (die Dreiheit der Zehnten) könnte darum höchstens für von der eigentlichen Tobitüberlieferung unabhängige, $\mathfrak{G}^{I}$ und $\mathfrak{G}^{II}$ vorgegebene Tradition über den Zehnten sprechen, die bei Josephus erhalten geblieben ist.

in 𝔊^{II} erhalten gebliebene und fraglos ursprüngliche Gedanke völlig verblaßt ist, daß die Aufforderung, das Gesetz des Zehnten für die Bedürftigen treu einzuhalten, von der Mutter seines Vaters an Tobit ergeht, der selbst Waise war: διότι ὀρφανὸς κατελείφθην ὑπὸ τοῦ πατρός μου.

3. Die wie eine Dublette anmutende zweimalige Aussage in 𝔊^{II} 1₁₈, daß Tobit die von Sanherib getöteten Glieder seines Volkes begrub: ἔθαψα und καὶ ἔκλεπτον τὰ σώματα αὐτῶν καὶ ἔθαπτον, erscheint in 𝔊^I in einem Satz zusammengefaßt: ἔθαψα αὐτοὺς κλέπτων. Durch den in 𝔊^I beibehaltenen und wörtlich mit 𝔊^{II} übereinstimmenden Zwischensatz πολλοὺς γὰρ ἀπέκτεινεν ἐν τῷ θυμῷ αὐτοῦ (+ ἐκ τῶν υἱῶν Ἰσραήλ 𝔊^{II}) wird so in 𝔊^I der Begriff τὰ σώματα αὐτῶν von dem Nachsatz getrennt, in welchem er in 𝔊^{II} als Pronomen wieder aufgenommen werden kann: καὶ ἐζήτησεν αὐτὰ Σενναχηρείμ. Das ist der Grund warum er hier in 𝔊^I an Stelle des Pronomens eingeführt werden muß: καὶ ἐζητήθη ὑπὸ τοῦ βασιλέως τὰ σώματα. Auch wenn die doppelte Formulierung in 𝔊^{II} aus dem Zusammenwachsen zweier Vorlagen zu erklären ist, deren eine ungefähr mit dem in 𝔊^I überlieferten Text übereinstimmen könnte, ist es darum dennoch wahrscheinlicher, daß die griechische Formulierung in 𝔊^I auf diejenige von 𝔊^{II} zurückgeführt werden muß.

4. Die 2₅ wiederaufnehmende Aussage der Textform 𝔊^{II} in 2₉ ἐλουσάμην καὶ εἰσῆλθον εἰς τὴν αὐλήν μου erscheint in 𝔊^I in der Formulierung zusammengefaßt ἀνέλυσα θάψας. Das Participium coniunctum θάψας wird in 𝔊^{II} auch von La vorausgesetzt (*postquam sepelivi*). Daß ἀνέλυσα aus mißverstandenem ἐλουσάμην entstanden sein und damit innergriechische Transformation von 𝔊^{II} zu 𝔊^I vorliegen könnte, ist zwar aus dem Grund nicht anzunehmen, daß auch in 𝔊^I die mit dem Ausdruck ἐλουσάμην anvisierte Verunreinigung an dem Toten vorausgesetzt und mit nachgetragenem (ἐκοιμήθην) μεμιαμμένος ausgesprochen ist. Doch wäre eine Umformulierung dieses eindeutigen Ausdrucks[1]) in die allgemeine Aussage von 𝔊^{II} ἐλουσάμην unwahrscheinlich.

5. Die in 𝔊^{II} überlieferte Formulierung 3₁₂ ἐπὶ σὲ τὸ πρόσωπόν μου καὶ τοὺς ὀφθαλμούς μου ἀνέβλεψα ist zwar durch die Übersetzung von שׂאו מרום עיניכם in Is 40₂₆ neben der für diese Formulierung seit Gen (13₁₄ u. ö.) geläufigen Übersetzung ἀναβλέπειν τοῖς ὀφθαλμοῖς als vorgeprägte Aussageform nachgewiesen, sie mußte aber sowohl wegen ihrer singulären Bezeugung als auch wegen ihres ungriechischen Charakters — ἀναβλέπειν kann nicht den Augen als Akkusativobjekt verbunden, der Akkusativ darum nur als freier Akkusativ der Be-

---

[1]) Mit Fritzsche gegen Miller (zu 2₅) ist die rituelle Reinigung nach der Berührung eines Toten anzunehmen (Num 19₁₁ff.), die in der Erzählung nicht nach den Einzelheiten des Gesetzes ausgeführt zu werden braucht. Houbigants Konjektur, nach 𝔇 10 (*fatigatus*) μεμοχθωμένος für μεμιαμμένος zu lesen (S. 557), ist schon durch den Bezug zu 𝔊^{II} (S und La) widerlegt.

ziehung verstanden werden[1]) — eine sekundäre Umformulierung nahelegen. Die Formulierung, die $\mathfrak{G}^{\mathrm{I}}$ an Stelle davon bietet, τοὺς ὀφθαλμούς μου καὶ τὸ πρόσωπόν μου εἰς σὲ δέδωκα, erscheint dafür geeignet, da sie in besserer Übersetzungstradition verankert ist: für את פניו ויתן in Par II 20₃ und Dan 9₃ (o′ und ϑ′), vgl. 10₁₂ ₁₅, für פניו וישם in Dan 11₁₇ (o′; ϑ′ τάξει) und für פניו וישב in Dan 11₁₈ (o′; ἐπιστρέψει ϑ′)[2]). Doch darf hier die Tatsache, daß es sich in $\mathfrak{G}^{\mathrm{I}}$ um eine semitisierende Übersetzung handelt, die eine andere hebräische bzw. aramäische Vorlage voraussetzt als die Formulierung in $\mathfrak{G}^{\mathrm{II}}$, nicht zu dem Schluß führen, daß der Verfasser von $\mathfrak{G}^{\mathrm{I}}$ die Textform $\mathfrak{G}^{\mathrm{II}}$ nach dem Text eines anderen Originals überarbeitet habe, da der Ausdruck διδόναι τὸ πρόσωπον (τοὺς ὀφθαλμοὺς) εἴς τινα, als syntaktisch korrekte griechische Formulierung, leicht unabhängig von der semitischen Grundlage tradiert werden konnte[3]).

6. In 3₁₅ liegt einer der im Ganzen wenigen Fälle vor, wo die Textform $\mathfrak{G}^{\mathrm{I}}$ gegenüber $\mathfrak{G}^{\mathrm{II}}$ ausführlicher erscheint. Die Aussage in $\mathfrak{G}^{\mathrm{I}}$ ἐπίταξον ἐπιβλέψαι ἐπ᾽ ἐμὲ καὶ ἐλεῆσαί με καὶ μηκέτι ἀκοῦσαί με ὀνειδισμόν ist in $\mathfrak{G}^{\mathrm{II}}$ in den Satz zusammengefaßt: κύριε, νῦν εἰσάκουσον ὀνειδισμόν μου. Hier ist aber zu beachten, daß innerhalb der Textform $\mathfrak{G}^{\mathrm{II}}$ nur der Codex Sinaiticus den verkürzten Text überliefert, während der in diesem Teil der Textform $\mathfrak{G}^{\mathrm{II}}$ zugehörende Text der Hs. 319 und die gesamte altlateinische Überlieferung den ausführlichen Text in $\mathfrak{G}^{\mathrm{I}}$ nahestehender Form bezeugen[4]), so daß S, obwohl es sich hier um eine bewußte stilistische Vereinfachung handeln dürfte, die nicht lediglich auf einen Abschreiber zurückzuführen ist, nicht als repräsentativer Zeuge für die Textform $\mathfrak{G}^{\mathrm{II}}$ erscheint[5]). Der Vermutung etwa, daß hier in $\mathfrak{G}^{\mathrm{II}}$ eine bewußte

---

[1]) Vgl. die Variante τους οφθαλμους 128 in Gen 13₁₄.

[2]) Vgl. noch Ier 27(50)₅ in freier Übersetzung.

[3]) Der Beweis dafür, daß es sich um eine Übersetzung aus dem Aramäischen oder Hebräischen handeln muß, läßt sich auch für die Textform $\mathfrak{G}^{\mathrm{II}}$, wo es heute durch die Texte von Qumran erwiesen ist, nicht eindeutig aus nur so erklärbaren Übersetzungsfehlern führen; er ist vollends undurchführbar für die Textform $\mathfrak{G}^{\mathrm{I}}$ an Textteilen, die nicht aus $\mathfrak{G}^{\mathrm{II}}$ übernommen sind (vgl. S. 33 Anm. 2, 36 Anm. 2, 46 Anm. 1). Die für die Textform $\mathfrak{G}^{\mathrm{I}}$ wahrscheinliche Annahme einer von aramäischer oder hebräischer Grundlage unabhängigen Bearbeitung des Übersetzungstextes $\mathfrak{G}^{\mathrm{II}}$ wirft Licht auf das beim Buch Iudith auftretende Problem, daß in einem Text, der grundsätzlich als „Übersetzungsgriechisch" bestimmt werden muß, Textteile auftreten, die nur als Übernahmen aus griechischer Überlieferung erklärt werden können (vgl. TGI S. 98 Anm. 2).

[4]) Vgl. App. zu $\mathfrak{G}^{\mathrm{II}}$.

[5]) Weitere Fälle, bei denen einem verkürzten Text in $\mathfrak{G}^{\mathrm{II}}$ (S) die erweiterte Form in der altlateinischen Überlieferung (bzw. 319) gegenübersteht, sind: 3₂ καὶ κρίσιν ἀληθινὴν καὶ δικαίαν σὺ κρίνεις εἰς τὸν αἰῶνα $\mathfrak{G}^{\mathrm{I}}$ = La⁻ᵂ σὺ κρίνεις τὸν αἰῶνα $\mathfrak{G}^{\mathrm{II}}$ ₅ μου καὶ τῶν πατέρων μου $\mathfrak{G}^{\mathrm{I}}$ = Sᶜ La⁻ᵂ μου $\mathfrak{G}^{\mathrm{II}}$ ₁₁ τὸ ὄνομά σου τὸ ἅγιον καὶ ἔντιμον $\mathfrak{G}^{\mathrm{I}}$ = 319 La⁻ᵂ τὸ ὄνομά σου $\mathfrak{G}^{\mathrm{II}}$ 5₁₂ Φυλὴν καὶ πατριὰν σὺ ζητεῖς ἢ μίσθιον, ὃς συμπορεύσεται μετὰ τοῦ υἱοῦ σου $\mathfrak{G}^{\mathrm{I}}$: cf La Τί χρείαν ἔχεις φυλῆς $\mathfrak{G}^{\mathrm{II}}$ (S, cf 319) 6₁₅ ὅτι δαιμόνιον φιλεῖ αὐτήν $\mathfrak{G}^{\mathrm{I}}$: cf 319 La $\mathfrak{G}^{\mathrm{III}}$ (d) 8₁₅ ἐν πάσῃ εὐλογίᾳ καθαρᾷ καὶ ἁγίᾳ, καὶ εὐλογείτωσάν σε οἱ ἅγιοί σου καὶ πᾶσαι αἱ κτίσεις σου καὶ πάντες οἱ ἄγγελοί σου καὶ οἱ ἐκλεκτοί σου $\mathfrak{G}^{\mathrm{I}}$: cf La ἐν πάσῃ εὐλογίᾳ καθαρᾷ $\mathfrak{G}^{\mathrm{II}}$ 10₁₂ ἵνα εὐφρανθῶ ἐνώπιον τοῦ κυρίου· καὶ ἰδοὺ παρατίθεμαί σοι $\mathfrak{G}^{\mathrm{I}}$: cf La ἐνώπιον τοῦ κυρίου παρατίθεμαί σοι $\mathfrak{G}^{\mathrm{II}}$ 13 καὶ κατευλόγει Ραγουηλ καὶ Ἔδναν τὴν γυναῖκα αὐτοῦ $\mathfrak{G}^{\mathrm{I}}$: cf La 11₂ εἶπεν Ραφαὴλ πρὸς Τωβίαν Οὐ γινώσκεις, ἄδελφε $\mathfrak{G}^{\mathrm{I}}$: cf La D εἶπεν

Vermeidung der ungebräuchlichen abgeblaßten Verwendung des Imperativs *ἐπίταξον* im Sinn von „laß!" vorliegen könne, widerspricht schon die Tatsache, daß dieser Gebrauch an zwei anderen Stellen, 3₆ und 8₇, in 𝕲ᴵᴵ wie in 𝕲ᴵ erhalten geblieben ist. Darum läßt sich aus dieser Bitte der Sarah an Gott, sein Erbarmen walten zu lassen (*ἐπίταξον ἐλεῆσαι*), auf Grund eines wörtlichen Verständnisses von *ἐπιτάσσειν* in dem Sinn, daß Gott einer Mittlerinstanz, dem Engel, den Befehl gäbe, sein Erbarmen auszuüben, auch kein textgeschichtlicher Schluß auf die Priorität zwischen den beiden in v. 16 folgenden unterschiedlichen Aussagen ziehen, nach denen in 𝕲ᴵ das Gebet der Sara „im Angesicht der Herrlichkeit des großen Raphael" (*ἐνώπιον τῆς δόξης τοῦ μεγάλου Ῥαφαήλ*), in 𝕲ᴵᴵ aber „im Angesicht der Herrlichkeit Gottes" (*ἐνώπιον τῆς δόξης τοῦ θεοῦ*) erhört wird. Diese beiden Vorstellungen setzen zwar eine je verschiedene Tradition der Angelologie und damit ein überlieferungsgeschichtliches Zwischenglied zwischen den beiden Textformen voraus, sie geben aber, auch vom Kontext her, keinen Aufschluß über die Priorität[1]).

7. Die auf die Person des Angeredeten, Tobias, bezogene Formulierung der Sentenz 4₆ in 𝕲ᴵ: „wenn du die Wahrheit vollbringst (*ποιοῦντός σου τὴν ἀλήθειαν*), wird gutes Gelingen in deinen Werken sein", macht gegenüber der allgemein sprichworthaften Form in 𝕲ᴵᴵ: „Diejenigen, welche die Wahrheit vollbringen . . ." (*οἱ ποιοῦντες ἀλήθειαν*), den Eindruck der sekundären Einpassung in den Kontext.

8. Zu der Textverkürzung in 5₁₆, die der allgemeinen Intention der Textform 𝕲ᴵ entspricht, und die das beweiskräftigste Argument für den grundsätzlich sekundären Charakter dieser Textform in ihrem Verhältnis zu 𝕲ᴵᴵ bleibt, tritt hier darin ein interpretierendes Element hinzu, daß die reine Ankündigung eines vermehrten Lohnes in 𝕲ᴵᴵ, *καὶ ἔτι προσθήσω σοι τῷ μισθῷ*, in 𝕲ᴵ unter die Bedingung der glücklichen Heimkehr gestellt wird: *ἐὰν ὑγιαίνοντες ἐπιστρέψητε*. Auch dieses Element macht den Eindruck bewußter Interpretation der vorgegebenen Vorlage von 𝕲ᴵᴵ.

9. Das Erzählungselement, das E. Nestle als „das einzige Plus" der Textform 𝕲ᴵ bezeichnete, daß nach 5₁₇ „der Hund des jungen Tobit mitging"[2]) (*καὶ ὁ κύων τοῦ παιδαρίου μετ᾽ αὐτῶν*), läßt sich zwar heute im Blick auf die seither hinzugekommene griechische (319) und altlateinische Überlieferung noch

---

Ῥαφαήλ Σὺ γινώσκεις 𝕲ᴵᴵ   15 *ἐμαστίγωσας καὶ ἠλέησάς με* 𝕲ᴵ: cf La *ἐμαστίγωσέν με* 𝕲ᴵᴵ   19 *καὶ ἤχθη ὁ γάμος Τωβία μετ᾽ εὐφροσύνης ἑπτὰ ἡμέρας* 𝕲ᴵ: cf La Sy et d   12₁₅ *τῶν ἑπτὰ ἁγίων ἀγγέλων* 𝕲ᴵ = La⁻ᴿ   *τῶν ἑπτὰ ἀγγέλων* 𝕲ᴵᴵ   13₁ *Καὶ Τωβὶτ ἔγραψεν προσευχὴν εἰς ἀγαλλίασιν* 𝕲ᴵ: cf La 𝔇   5 *ἐλεήσει καὶ συνάξει ἡμᾶς* 𝕲ᴵ: cf La   *ὑμᾶς ἐλεήσει* 𝕲ᴵᴵ   14₅ *εἰς πάσας τὰς γενεὰς τοῦ αἰῶνος οἰκοδομῇ ἐνδόξῳ* 𝕲ᴵ: cf La Sy.

[1]) Zur sekundären Harmonisierung in der Überlieferung von 𝕲ᴵ vgl. S. 40f., 41.
[2]) Septuagintastudien III, 1899, S. 27.

weniger mit seiner Vermutung erklären, daß „diese (Bemerkung) ganz gut in der uns nur durch eine einzige Handschrift erhaltenen Rezension durch irgendwelchen Zufall ausgefallen sein" könne, doch ist zu beachten, daß 𝔊^{II} diesen Vorgang im folgenden Kontext von 6₂ erzählt. Die Umordnung in den besser passenden Zusammenhang des Beginns der Reise ließe sich darum auch als rezensioneller Eingriff in die vorliegende Textform 𝔊^{II} erklären[1]), zumal sich in der Textform 𝔊^{I} auch anderwärts zuweilen Abweichungen von 𝔊^{II} feststellen lassen, die am besten als Übernahmen aus anderen Stellen erklärbar sind; zum Beispiel 6₁₂, wo die Formulierung σοὶ ἐπιβάλλει ἡ κληρονομία αὐτῆς in 𝔊^{I} gegenüber σοὶ δικαιοῦται κληρονομῆσαι in 𝔊^{II} auf bewußter Erinnerung an die 𝔊^{I} und 𝔊^{II} gemeinsame Formulierung in 3₁₇ Τωβίᾳ ἐπιβάλλει κληρονομῆσαι αὐτήν beruhen dürfte.

10. Die wahrscheinlich übersetzungstechnisch bedingte regelwidrige Syntax der Textform 𝔊^{II} (S) in 6₁₃ καὶ ἐπίσταμαι — fin wird in 319 La und noch tiefgreifender in 𝔊^{III} (d) korrigiert[2]). Die Textform 𝔊^{I} läßt sich an dieser Stelle am besten als ein von 319 La und 𝔊^{III} unabhängiger Versuch in der gleichen Richtung erklären: Dem Sinn, nicht der Form nach der Aussage von 𝔊^{II} entsprechend werden zwei stilistisch korrekte Komparativsätze hergestellt: ἐπίσταμαι Ῥαγουὴλ ὅτι οὐ μὴ δῶ αὐτὴν ἀνδρὶ ἑτέρῳ ... ἢ ὀφειλήσει θάνατον, und ὅτι τὴν κληρονομίαν σοὶ καθήκει λαβεῖν ἢ πάντα ἄνθρωπον. Was in dieser Formulierung 𝔊^{II} gegenüber als Lectio difficilior erscheinen könnte, läßt sich dennoch nicht als Kriterium für einen 𝔊^{II} gegenüber primären Text in Anspruch nehmen: Die Vorwegnahme des Nebensatzsubjekts Ῥαγουὴλ vor die Konjunktion ὅτι ist im Blick darauf sinnvoll und notwendig, daß Raguel das logische Subjekt auch des zweiten, impersonal konstruierten Komparativsatzes ist. Die Verwendung der Partikel ἤ ist in beiden Sätzen korrekt und entspricht im zweiten Fall ohne hinzugefügtes μᾶλλον dem Stil dieser Textform[3]). Der Akkusativ πάντα ἄνθρωπον ist zwar eher denn als unkorrekt durchgeführte Änderung der Vorlage παρὰ πάντα ἄνθρωπον in 𝔊^{II} aus veränderter Konstruktion zu erklären; aber auch diese Erscheinung ist bei dieser Textform nicht singulär[4]) und kann darum zusammen mit tiefer greifenden Solözismen auch dann auf die Intention

---

[1]) Ein einhellig überlieferter, der Textform 𝔊^{I} gegenüber kürzerer Text liegt in 𝔊^{II} noch an folgenden Stellen vor: 5₁₄ καὶ προσεκύνουν μετ' ἐμοῦ 𝔊^{II} προσκυνεῖν ἀναφέροντες τὰ πρωτότοκα καὶ τὰς δεκάτας τῶν γενημάτων 𝔊^{I}: cf. 1₆ 7₉ προβάτων] + καὶ παρέθηκαν ὄψα πλείονα 𝔊^{I}: cf 2₂ 11 ἕως ἂν διαστήσῃς τὰ πρὸς ἐμέ 𝔊^{II} ἕως ἂν στήσητε καὶ σταθῆτε πρός με 𝔊^{I} 12₁₂ ὡσαύτως] + συμπαρήμην σοι 𝔊^{I} 13 νεκρόν] + οὐκ ἔλαθές με ἀγαθοποιῶν, ἀλλὰ σὺν σοὶ ἤμην 𝔊^{I} 14₂ ὅτε ἐγένετο ἀνάπειρος τοῖς ὀφθαλμοῖς (ὅτε ἀπώλεσεν τὰς ὄψεις 𝔊^{I})] + καὶ μετὰ ἔτη ὀκτὼ ἀνέβλεψεν 𝔊^{I}: cf Sy 3 τὰ παιδία σου (τοὺς υἱούς σου 𝔊^{I})] + ἰδοὺ γεγήρακα καὶ πρὸς τὸ ἀποτρέχειν ἐκ τοῦ ζῆν εἰμι 𝔊^{I} 11 ἔθηκαν αὐτὸν ἐπὶ τὴν κλίνην, καὶ ἀπέθανεν (ἐξέλιπεν αὐτοῦ ἡ ψυχὴ ἐπὶ τῆς κλίνης 𝔊^{I})] + ἦν δὲ ἐτῶν ἑκατὸν πεντήκοντα ὀκτώ 𝔊^{I}.

[2]) Vgl. App.^{II}.

[3]) Vgl. 3₆ und 12₈ (𝔊^{II} μᾶλλον ἤ); Bl.-Debr. 185₂-₃, G. Winer, Grammatik des neutestamentlichen Sprachidioms, 7. Aufl., 1867, S. 225ff.

[4]) Vgl. 3₇.

des Verfassers zurückgeführt werden, wenn ihm in der Textform $\mathfrak{G}^{II}$ eine korrekte Formulierung vorlag[1]).

11. Die Erzählung von der Begegnung des Tobias und des Engels mit Raguel, Edna und Sara in Ekbatana (7₁₋₉ₐ) weist in der Textform $\mathfrak{G}^{II}$ einige Unstimmigkeiten auf: Obwohl in v 1 gesagt ist, daß die beiden Ankömmlinge Raguel z u e r s t begrüßen ($\dot{\varepsilon}\chi\alpha\iota\varrho\dot{\varepsilon}\tau\iota\sigma\alpha\nu$ $\alpha\dot{v}\tau\dot{o}\nu$ $\pi\varrho\tilde{\omega}\tau\sigma\iota$), ist von einer Begrüßung der anderen Familienglieder nicht mehr die Rede, so daß in v 3 das Auftreten der Edna, welche die Frage nach der Herkunft an die Gäste richtet, unvermittelt erscheint. In v 7 bricht Raguel, ohne daß zuvor von einer Mitteilung seitens der Gäste die Rede war, in Klagen über die Erblindung Tobits aus. In der Textform $\mathfrak{G}^{I}$, die im Ganzen ihrem allgemeinen Charakter entsprechend einen kürzeren Text überliefert, sind diese Widersprüche aufgehoben: Nach v 1 begegnet den Ankömmlingen als erste Sara und führt sie zu ihrem Vater Raguel, der, nachdem er seine Frau Edna verständigt hat, selbst die Frage nach ihrer Herkunft stellt (3), und nach v 7 wird Raguel, bevor er zu klagen anfängt, über die Erblindung Tobits aufgeklärt ($\dot{\alpha}\kappa\sigma\dot{v}\sigma\alpha\varsigma$ $\ddot{\sigma}\tau\iota$ $T\omega\beta\dot{\iota}\tau$ $\dot{\alpha}\pi\dot{\omega}\lambda\varepsilon\sigma\varepsilon\nu$ $\tau\sigma\dot{v}\varsigma$ $\dot{\sigma}\varphi\vartheta\alpha\lambda\mu\sigma\dot{v}\varsigma$). Obwohl sich dieser Sachverhalt grundsätzlich als Harmonisierung in der Textform $\mathfrak{G}^{I}$ erklären läßt, ist der Charakter der unterschiedlichen Aussagen, zum Beispiel die von hier her nicht erforderte Übertragung der Frage nach der Herkunft der Gäste von Edna auf Raguel, dann besser verständlich, wenn für den Text von $\mathfrak{G}^{I}$ außer $\mathfrak{G}^{II}$ eine weitere Vorlage vorausgesetzt wird. Dem entspricht, daß in diesem Aussagezusammenhang in der Textform $\mathfrak{G}^{I}$ eine jener seltenen Texterweiterungen auftritt, die sich auch in der altlateinischen Gestalt der Textform $\mathfrak{G}^{II}$ nicht wiederfinden: 9 $\kappa\alpha\dot{\iota}$ $\pi\alpha\varrho\dot{\varepsilon}\vartheta\eta\kappa\alpha\nu$ $\ddot{\sigma}\psi\alpha$ $\pi\lambda\varepsilon\dot{\iota}\sigma\nu\alpha$[2]).

12. Der Intention bewußter Verkürzung einer Vorlage entspricht es auch, wenn beim Bericht von der Ausführung einer zuvor angekündigten Handlung nur noch das Daß ihrer Ausführung, nicht mehr das Wie der Handlung selbst mitgeteilt wird, wie es zum Beispiel in der Aussage von $\mathfrak{G}^{I}$ 7₁₆ $\kappa\alpha\dot{\iota}$ $\dot{\varepsilon}\pi\sigma\dot{\iota}\eta\sigma\varepsilon\nu$ $\dot{\omega}\varsigma$ $\varepsilon\tilde{\iota}\pi\varepsilon\nu$ gegenüber $\mathfrak{G}^{II}$ $\kappa\alpha\dot{\iota}$ $\beta\alpha\delta\dot{\iota}\sigma\alpha\sigma\alpha$ $\ddot{\varepsilon}\sigma\tau\varrho\omega\sigma\varepsilon\nu$ $\varepsilon\dot{\iota}\varsigma$ $\tau\dot{o}$ $\tau\alpha\mu\iota\varepsilon\tilde{\iota}\sigma\nu$ als Ausführung des v 15 Angekündigten der Fall ist. Auf diese Intention und nicht auf abweichende Überlieferung dürfte darum auch der tiefergreifende Unterschied in der Formulierung zwischen der Aussage 7₉ $\mathfrak{G}^{I}$ $\lambda\dot{\alpha}\lambda\eta\sigma\sigma\nu$ $\dot{v}\pi\dot{\varepsilon}\varrho$ $\tilde{\omega}\nu$ $\ddot{\varepsilon}\lambda\varepsilon\gamma\varepsilon\varsigma$ $\dot{\varepsilon}\nu$ $\tau\tilde{\eta}$ $\pi\sigma\varrho\varepsilon\dot{\iota}\alpha$ $\kappa\alpha\dot{\iota}$ $\tau\varepsilon\lambda\varepsilon\sigma\vartheta\dot{\eta}\tau\omega$ $\tau\dot{o}$ $\pi\varrho\tilde{\alpha}\gamma\mu\alpha$ und $\mathfrak{G}^{II}$ $\varepsilon\tilde{\iota}\pi\sigma\nu$ $P\alpha\gamma\sigma\nu\dot{\eta}\lambda$ $\ddot{\sigma}\pi\omega\varsigma$ $\delta\tilde{\omega}$ $\mu\sigma\iota$ $\Sigma\dot{\alpha}\varrho\varrho\alpha\nu$ $\tau\dot{\eta}\nu$ $\dot{\alpha}\delta\varepsilon\lambda\varphi\dot{\eta}\nu$ $\mu\sigma\nu$ als Erinnerung an das, was der Engel 6₁₆ff. ankündigte, zurückzuführen sein[3]).

---

[1]) Vgl. z.B. die Formulierung 5₁₅ $\tau\dot{\iota}\nu\alpha$ $\sigma\sigma\iota$ $\ddot{\varepsilon}\sigma\sigma\mu\alpha\iota$ $\mu\iota\sigma\vartheta\dot{o}\nu$ $\delta\iota\delta\dot{o}\nu\alpha\iota$ (319 korrigiert in $\delta\iota\delta\sigma\dot{v}\varsigma$), die sich auch von Reg II 10₁₁ her nicht als Hebraismus erklären läßt, und die Verbindung von $\mu\dot{\varepsilon}\chi\varrho\iota\varsigma$ $\sigma\tilde{v}$ mit Infinitiv (vgl. TGE S. 106f.) in 11₁, wo die Textform $\mathfrak{G}^{II}$ anders formuliert, während sie an anderen Stellen korrekt $\mu\dot{\varepsilon}\chi\varrho\iota$ $\tau\sigma\tilde{v}$ schreibt: 22 4 ($\mu\dot{\varepsilon}\chi\varrho\iota$ $\tau\sigma\tilde{v}$ $\tau\dot{o}\nu$ $\ddot{\eta}\lambda\iota\sigma\nu$ $\delta\dot{v}\varepsilon\iota\nu$; $\mathfrak{G}^{I}$ $\ddot{\varepsilon}\omega\varsigma$ $\sigma\tilde{v}$ $\ddot{\varepsilon}\delta\nu$ $\dot{o}$ $\ddot{\eta}\lambda\iota\sigma\varsigma$) 10.
[2]) Vgl. S. 30 Anm. 1.
[3]) Vgl. auch 11₁₅.

13. In 8₁₂ wirkt der Befehl Raguels im Plural „Sie sollen sehen, ob er lebt" (ἰδέτωσαν εἰ ζῇ) widersprüchlich, nachdem er zuvor seine Frau aufgefordert hatte, eine einzige von den Mägden (μίαν τῶν παιδισκῶν) zu diesem Zweck zu senden. Der Widerspruch löst sich am besten von der Textform 𝔊ᴵᴵ her, in der zwar diese Aufgabe auch einer einzigen Magd übertragen, ihre Erfüllung aber einer Mehrheit zugeschrieben wird: Diejenigen, die die Magd senden, zünden selbst den Leuchter an und öffnen die Türe zum Brautgemach (13).

14. Literarische Abhängigkeit muß auf Grund der graphischen Ähnlichkeit zwischen den beiden Verbformen κατεσχέθη 𝔊ᴵᴵ und κατῄσχυνται 𝔊ᴵ in 10₂ angenommen werden. Ihre Erklärung als Textverderbnis aus ursprünglichem κατεσχηνται in 𝔊ᴵ¹) wäre nur dann notwendig, wenn die Möglichkeit einer interpretierenden Bearbeitung der einen Textform durch die andere nicht in Betracht gezogen wird, und ist auf Grund der Überlieferung — trotz der Variante κατασχηνται in 402²) — nicht wahrscheinlich. Als Textbearbeitung kommt aber fast nur die Erklärung der ursprünglichen und textgemäßeren Aussage in 𝔊ᴵᴵ „Sollte er etwa aufgehalten worden sein?" durch die reflektierte Aussage „Sollten sie etwa zu Schanden geworden sein?" in 𝔊ᴵ in Frage: Es ist eine Erklärung, die älterer alttestamentlicher Vorstellung, dem zu Schanden, das heißt von Gott verlassen werden bei der Ausführung eines göttlichen Auftrags, durchaus entspricht, und die auch hinsichtlich des Wortgebrauchs, καταισχύνεσθαι als Äquivalent für בוש, in LXX-Tradition verankert ist³).

15. Nicht von der Vorlage 𝔊ᴵᴵ her, aber eher mit Textverderbnis als mit einer von 𝔊ᴵᴵ abweichenden, nur unvollkommen in den Kontext eingepaßten Überlieferung ist in der Textform 𝔊ᴵ 10₅ der Ausdruck Οὐ μέλει μοι an Stelle des dem Kontext entsprechenden Ausrufs Οὐαί μοι in 𝔊ᴵᴵ zu erklären, den a in 𝔊ᴵ rezensionell einführt. Von den verschiedenen Erklärungsversuchen ist aber der ansprechendste auch als Umformulierung des aus 𝔊ᴵᴵ vorgegebenen Ausrufs nicht ausgeschlossen: die Erklärung als Frage: „Sollte mir nichts daran liegen, daß ich dich hinweggehen ließ?". Ähnlich ungeklärt ist die Aussage der Textform 𝔊ᴵ 9₆ καὶ εὐλόγησεν Τωβίας τὴν γυναῖκα αὐτοῦ im Blick auf den parallelen Text in 𝔊ᴵᴵ, wo, im Ganzen dem Aussagezusammenhang entsprechend, das Kommen des vom Engel aus Rages geholten Gabael zur Hochzeit des Tobias, Begrüßung und Segnung der Brautleute berichtet wird. Aber hier mußte der mißverständliche Subjektswechsel in 𝔊ᴵᴵ, der vom Plural Gabaels und seiner Begleiter unvermittelt und ohne das Subjekt zu nennen, in den Singular des einen Gabael übergeht (εὗρον Τωβίαν ἀνακείμενον, καὶ

---

¹) So P. Walters (Katz), The Text of the Septuagint, 1973, S. 128, und schon Ilgen S. 90 und Fritzsche Comm. S. 57f.
²) Vgl. Tob Einl. S. 46.
³) Vgl. z.B. Ps 21(22)₆ und die Umdeutung der LXX in Reg II 10₆.

ἀνεπήδησεν)[1]), für einen Bearbeiter eine Textänderung nahelegen, die unter der Voraussetzung die in 𝔊ᴵ überlieferte Form annehmen konnte, daß der Bearbeiter das ungenannte Subjekt der Vorlage nicht erkannte. Die Aussage ist dann mit Fritzsche als zusammenfassender Ausdruck der Hochzeitsfreude zu erklären: „Und Tobias lobte, rühmte seine Frau, d. h. er fühlte sich glücklich im Besitze seiner jungen Frau, was er sie lobend an den Tag gab"[2]). Für eine so zu erklärende bewußte Vereinfachung einer in 𝔊ᴵᴵ überlieferten schwer verständlichen Vorlage durch den Bearbeiter der Textform 𝔊ᴵ spricht ein analoger Fall in 10₁₃. Hier ist die Aussage der Textform 𝔊ᴵᴵ nach der Überlieferung des Codex Sinaiticus, καὶ εἶπεν αὐτῷ Εὐοδώθη σοι τιμᾶν αὐτοὺς πάσας τὰς ἡμέρας τῆς ζωῆς αὐτῶν, vom Aussagezusammenhang her nicht verständlich. Der Redende ist nach dem Kontext Tobias, der Angeredete sein Schwiegervater Raguel. Wer die Personen (αὐτούς) sind, welche diesem zu ehren durch Gnade zuteil geworden ist (εὐοδώθη σοι), bleibt offen[3]). In der Textform 𝔊ᴵ wird diese Schwierigkeit in einer der Aussage von 9₆ entsprechenden Weise behoben: „Und er (sc. Tobias) pries Raguel und Edna, seine Frau". Hier dürfte aber, da die in 𝔊ᴵ überlieferte Aussage in ähnlicher Form, aber mit dem erweiterten Text der Textform 𝔊ᴵᴵ auch von der altlateinischen Überlieferung bezeugt wird[4]), dem Bearbeiter von 𝔊ᴵ die Textform 𝔊ᴵᴵ in einer Gestalt vorgelegen haben, die dem altlateinischen Text näher stand als dem des Codex Sinaiticus.

16. Die Aufforderung zum Preis Gottes 12₆ ist in der Textform 𝔊ᴵ syntaktisch nicht in Ordnung, da das auf das Subjekt des Aufrufs in der zweiten Person des Plural Εὐλογεῖτε bezogene Participium coniunctum ὑποδεικνύοντες von dem höchstens als Parenthese verstehbaren Satz ἀγαθὸν τὸ εὐλογεῖν τὸν θεὸν καὶ ὑψοῦν τὸ ὄνομα αὐτοῦ unterbrochen wird. Obwohl diese syntaktische Schwierigkeit in der Textform 𝔊ᴵᴵ nicht vorliegt, ist ihre Formulierung entgegen dem Prinzip der Lectio difficilior eher als die ursprüngliche zu werten, die in der Textform 𝔊ᴵ syntaktisch unvollkommen umgestaltet worden ist, einmal durch die der allgemeinen Intention dieser Textform entsprechende Änderung des in 𝔊ᴵᴵ parataktisch nebengeordneten Imperativs ὑποδείκνυτε in den zugeordneten Partizipialsatz ὑποδεικνύοντες, dann durch die syntaktisch nicht in den Kontext eingepaßte Aufhebung der tautologischen Aussage in finaler Infinitivkonstruktion αὐτῷ ἐξομολογεῖσθε ... τοῦ εὐλογεῖν ... τὸ ὄνομα αὐτοῦ durch die Herausnahme des Ausdrucks ἀγαθά aus dem Relativsatz ἃ

---

[1]) La⁻ᴳ führen das Subjekt *gabelus* ein.
[2]) Comm S. 57. Andere Erklärungsversuche nennt Fritzsche S. 56f. Ilgens Erklärung als falsche Übersetzung der hebräischen Vorlage ויברך טוביה את אשתו, „und er (sc. Gabael) pries Tobias mit seiner Frau", die den unvermittelten Subjektswechsel auch in 𝔊ᴵ hineintrüge, wäre höchstens dann zu erwägen, wenn sich in 𝔊ᴵ eindeutige Fehlübersetzungen, die nicht mit 𝔊ᴵᴵ übereinstimmen, nachweisen ließen.
[3]) Vgl. Miller S. 87.
[4]) Vgl. App. II.

ἐποίησεν μεθ' ὑμῶν ἀγαθά und seine Neubestimmung als Vordersatz der Infinitivkonstruktion: ἀγαθὸν τὸ εὐλογεῖν τὸν θεόν.

17. Einen Hinweis darauf, daß und wie die Textform 𝔊ᴵ dort, wo sie nicht nur durch Textverkürzungen oder Änderungen des Wortlauts, die den Inhalt der Aussage nicht berühren, von der Textform 𝔊ᴵᴵ abweicht, auf von 𝔊ᴵᴵ unabhängiger Tradition beruhen kann, gibt die Berufung auf alttestamentliche Prophetie in 14₄. Schon vor der Entdeckung des Codex Sinaiticus hatten Grotius und Ilgen darauf aufmerksam gemacht, daß eine Prophetie von der Zerstörung Ninives, die, wie es hier vorausgesetzt wird, in Erfüllung gegangen ist, nicht Jona, sondern Nahum oder Zephania zuzuschreiben wäre. Ilgen gab die Möglichkeit, daß der in 𝔊ᴵ überlieferte Text dennoch ursprünglich sei, mit der Erklärung zu, ,,daß Tobi also meinte, daß doch noch eintreffen würde, was einst Jonah gedrohet hätte, ob gleich damals die Drohung nicht wäre erfüllt worden''[1]), gab aber der schon von Grotius[2]) vorgeschlagenen Korrektur von Ἰωνᾶς in ναουμ(ος) den Vorzug, die nunmehr als Lesart der Textform 𝔊ᴵᴵ durch den Codex Sinaiticus bestätigt ist[3]). Daß aber die Nennung des Jonas nicht ein sekundär in die Überlieferung von 𝔊ᴵ eingedrungener Fehler ist, sondern auf einer der Erklärung Ilgens entsprechenden Überlegung eines Bearbeiters beruhen muß, beweist die tiefer gehende Umformulierung der Unheilsprophetie, ὅτι καταστραφήσεται, die ein Zitat von Jona 3₄ darstellt[4]). Daß diese Übernahme aus dem vorgegebenen Text der LXX aber auf den Bearbeiter zurückgeht, der einen der Textform 𝔊ᴵᴵ nahestehenden Text verkürzte, ist dadurch nahegelegt, daß das Zitat parataktisch in einen Aussagezusammenhang eingereiht erscheint, der dem ausführlicheren Text von 𝔊ᴵᴵ entnommen und in der Weise zusammengezogen ist, daß das, was dort als Ankündigung des Tobias ausgesagt war, der einen und gleichen Prophetie des Jonas zugeschrieben wird: nicht nur die Zerstörung Ninives, sondern auch eine zeitlich begrenzte Verschonung Mediens und die Verbannung Israels aus seinem Land[5]).

---

[1]) S. 116, ähnlich Houbigant S. 576; vgl. schon die Erwägungen des Hieronymus im Prolog zum Kommentar des Jonabuches (CC 76, 378).

[2]) S. 10.

[3]) In 𝔊ᴵ ist Ἰωνᾶς einhellig überliefert; in 𝔊ᴵᴵ läßt Sy den Namen des Propheten und La den ganzen Verweis auf den Propheten weg; ähnlich 𝔇₆.

[4]) Das Verbum καταστρέφειν ist dem Sprachgebrauch beider Textformen sonst fremd.

[5]) Die übrigen alttestamentlichen Zitate und Anspielungen in Tob (1₂₁ = Reg IV 19₃₇ (= Is 37₃₈), 2₆ = Am 8₁₀, 3₁₀ = Gen 42₃₈ 44₂₉ ₃₁, 8₆ = Gen 2₁₈) beweisen zwar durch Gemeinsamkeiten, die vom überlieferten Text der zitierten LXX abweichen, wie z.B. die Namensform Σαχερδονός in 1₂₁ und der aus Gen 2₂₀ übernommene Ausdruck ὅμοιον αὐτῷ an Stelle von κατ' αὐτόν für כנגדו im Zitat von Gen 2₁₈ in 8₆, die gegenseitige Abhängigkeit der beiden Textformen auch in diesem Bereich der Überlieferung, erlauben aber bei keiner der beiden Textformen einen Schluß auf eine sekundäre Bearbeitung der vorgegebenen Zitatform nach dem Text der LXX: Zwar könnte der Ausdruck ἀντ' αὐτοῦ in 1₂₁ 𝔊ᴵ als Korrektur von μετ' αὐτόν in 𝔊ᴵᴵ nach LXX Reg IV 19₃₇ (= Is 37₃₈; 𝔐 תחתיו) erklärt werden; daß Bearbeitung nach LXX nicht Prinzip der Textform 𝔊ᴵ

18. Wie weit je verschiedener Wortgebrauch und je verschiedene Formulierung, vor allem dann, wenn sie mit der $\mathfrak{G}^{\mathrm{I}}$ eigentümlichen Textverkürzung zusammengehen, auch inhaltliche Änderungen mit sich bringen können, ohne daß deshalb bei einer der beiden Textformen mit der Übernahme anderwärtiger vorgegebener Überlieferung gerechnet werden muß, läßt sich nicht mehr in jedem Einzelfall entscheiden.

Kein Kriterium für die Bestimmung der Priorität innerhalb der beiden Textformen ist die Unterscheidung zwischen verbreiteten und seltenen Wortbildungen. Nicht nur die Übernahme allgemein oder in der Septuagintasprache verbreiteter Bildungen, sondern auch die Einführung seltenen Wortgebrauchs kann Rezensionsprinzip sein[1]).

Kein Kriterium für die Bestimmung der Abhängigkeit sind inhaltliche Abweichungen auch dann, wenn die betreffende Formulierung in einer der beiden Textformen in einem andern Zusammenhang überliefert ist, da sich Überarbeitungen dieser Art, vor allem in der Textform $\mathfrak{G}^{\mathrm{I}}$, als wahrscheinlich erwiesen[2]).

ist, bewiese dann aber die Zitatform in 2₆, wo αἱ εὐφροσύναι in $\mathfrak{G}^{\mathrm{I}}$ gegenüber αἱ ᾠδαί in $\mathfrak{G}^{\mathrm{II}}$ sowohl gegen den überlieferten LXX-Text von Am 8₁₀, der einhellig τὰς ᾠδάς bezeugt, als auch gegen die gesamte Übersetzungstradition der LXX steht, die שיר nirgends mit εὐφροσύνη wiedergibt. Kein Schluß auf eine mögliche Bearbeitung nach der Zitatform der LXX läßt sich auch auf Grund der verschiedenen Wortwahl in 3₁₀ μετ' ὀδύνης $\mathfrak{G}^{\mathrm{I}}$, μετὰ λύπης $\mathfrak{G}^{\mathrm{II}}$ ziehen, da von den Aussagen, die als vorliegendes Zitat in Frage kommen, in Gen 42₃₈ ביגון und in 44₂₉ ברעה mit μετὰ λύπης, in Gen 44₃₁ aber ביגון mit μετ' ὀδύνης wiedergegeben werden. Die sekundären Angleichungen an die Zitatform der LXX, die sich bei einzelnen Zeugen der Textform $\mathfrak{G}^{\mathrm{I}}$ finden, 2₆ μεταστραφησονται 535: cf Am 8₁₀, 8₆ ὅμοιον αὐτῷ] κατ αυτον 74'-370ˢ Sa = Gen 2₁₈, sind zu sporadisch, als daß sich daraus ein Rezensionsprinzip ableiten ließe. In Vers 4₁₄, der in $\mathfrak{G}^{\mathrm{II}}$ nur von 319 und La überliefert wird, scheint eine freie Zitatkombination aus Lev 19₁₃ und Deut 24₁₅ vorzuliegen, bei der dann παραυτίκα in $\mathfrak{G}^{\mathrm{I}}$ als freie Wortwahl gegenüber dem mit LXX Deut 24₁₅ übereinstimmenden Äquivalent αὐθήμερον für בירומו in $\mathfrak{G}^{\mathrm{II}}$ erklärt werden müßte.

¹) Auch die von Nestle S. 24 und 27 zusammengestellten Unterschiede im Wortlaut sind in dieser Hinsicht ohne Beweiskraft. Z. B. könnte der Ausdruck ἀπάντημα δαιμονίου in $\mathfrak{G}^{\mathrm{II}}$ 6₈ rezensionelle Anleihe beim Sprachgebrauch der LXX sein, die nicht einmal notwendig eine hebräische Vorlage als Kriterium der Rezension erforderte. Auch der Ausdruck ἐγήρασεν in $\mathfrak{G}^{\mathrm{I}}$ 14₁₃ an Stelle des in LXX singulären ἐγηροβόσκησεν αὐτούς in $\mathfrak{G}^{\mathrm{II}}$ darf weder auf Grund des Wortgebrauchs noch auf Grund der Abweichung im Aussagegehalt als Bearbeitung der Textform $\mathfrak{G}^{\mathrm{II}}$ postuliert werden — wenn gesagt ist, daß Tobias selbst in Ehren alt wurde und seine Schwiegereltern begrub, muß das nicht bedeuten, daß er sie erst in seinem Alter begraben habe (so Nestle S. 24) —, wohl aber liegt hier in $\mathfrak{G}^{\mathrm{II}}$ darin eine Unstimmigkeit vor, daß der Ausdruck „er pflegte sie (αὐτούς) in ihrem Alter" sich nach dem Kontext nicht auf die Schwiegereltern, sondern auf Tobias' Frau und den Schwiegervater Raguel beziehen müßte; dieser Unstimmigkeit gegenüber macht aber die Formulierung ἔθαψεν τοὺς πενθεροὺς αὐτοῦ in $\mathfrak{G}^{\mathrm{I}}$ den Eindruck sekundärer Glättung.

²) Vgl. S. 29f. Hier ist auch die in der Textform $\mathfrak{G}^{\mathrm{I}}$ 14₁₀ überlieferte Formulierung θάψον με καλῶς einzuordnen, die an dieser Stelle in $\mathfrak{G}^{\mathrm{II}}$ mit dem Relativsatz ἐν ᾗ ἂν ἡμέρᾳ θάψῃς τὴν μητέρα σου μετ' ἐμοῦ lediglich angedeutet ist, die aber in der Textform $\mathfrak{G}^{\mathrm{II}}$ 4₃ wiederkehrt. Vgl. auch in 14₈ den nur in $\mathfrak{G}^{\mathrm{I}}$ überlieferten Rückbezug auf die Prophetie Jonas von 14₄ und 14₁₄ $\mathfrak{G}^{\mathrm{I}}$ die Ortsbestimmung ἐν Ἐκβατάνοις τῆς Μηδίας, die aus $\mathfrak{G}^{\mathrm{II}}$ 14₁₃ übernommen ist.

Unter diesen Einschränkungen dürfte aber eine im Zusammenhang einer Textverkürzung begegnende inhaltliche Abweichung wie die Aussage der Textform 𝔊ᴵ 13₁₈ Εὐλογητὸς ὁ θεός, ὃς ὕψωσεν πάντας τοὺς αἰῶνας gegenüber dem Israels Gott „in Ewigkeit" zugesprochenen Lob in der Textform 𝔊ᴵᴵ (εὐλογητοὶ εὐλογήσουσιν τὸ ὄνομα τὸ ἅγιον εἰς τὸν αἰῶνα καὶ ἔτι) nicht mehr als eine von anderwärtiger Überlieferung unabhängige verkürzende Umformulierung erklärt werden. Die Aussage der Textform 𝔊ᴵ „Gepriesen sei Gott, welcher die Äonen erhöhte" dürfte von der beiden Textformen gemeinsamen Gottesbezeichnung des „Königs der Äonen", ὁ βασιλεὺς τῶν αἰώνων (13₆(10)) ausgehen. Die Bedeutung des Begriffs αἰών, die in dieser Bezeichnung noch offen bleibt — es kann sowohl der in Ewigkeit herrschende König, als auch der König der Weltzeiten oder der von ihm geschaffenen Welten gemeint sein[1]) —, wird in dieser Aussage der Textform 𝔊ᴵ auf eine einzige Möglichkeit hin interpretiert: die Äonen — im Sinn von Hebr 1₂ — als Inbegriff der ganzen vom Gott Israels geschaffenen Welt. Dieses Verständnis ist für die Textform 𝔊ᴵ aus dem Grund nahegelegt, weil sie an einer anderen Stelle den Singular ὁ αἰών eindeutig in der Bedeutung der gegenwärtigen geschaffenen Welt verwendet: 14₅ „Sie werden das Haus wiederaufbauen, nicht so, wie es zuvor war, bis daß die Zeiten dieser Welt erfüllt sind", ἕως πληρωθῶσιν καιροὶ τοῦ αἰῶνος[2]). Die analoge Verwendung des Begriffs in 𝔊ᴵ an diesen beiden Stellen

---

[1]) Vgl. Ier 10₁₀. Da das AT den Begriff עלם in der Bedeutung „Welt" mit Sicherheit — auch Eccl 3₁₁! — nicht kennt, muß mindestens die ursprüngliche Bedeutung der Gottesbezeichnung ὁ βασιλεὺς τῶν αἰώνων in der zeitlichen Bestimmung gesehen werden. Vgl. W. Bauer s. v. αἰών 3; M. Dibelius - H. Conzelmann, Die Pastoralbriefe, 3. Aufl. 1955, S. 25 f. (zu Tim I 1₁₇). Das Gleiche gilt für den Ausdruck γενεαὶ τοῦ αἰῶνος, der in beiden Textformen überliefert ist (in 𝔊ᴵ und 𝔊ᴵᴵ übereinstimmend: 14 13₁₀, nur in 𝔊ᴵᴵ: 13₁₁, nur in 𝔊ᴵ: 14₅). Seine ursprüngliche Bedeutung ist, als hebraisierende Übersetzung von דרת עולם, „die Geschlechter aller Zeiten" (vgl. z. B. Gen 9₁₂ εἰς γενεὰς αἰωνίους (εις γ. αιωνος lesen die meisten Zeugen von C)), in übertragenem Sinne kann die Bedeutung „die Geschlechter dieser Welt" daraus werden.

[2]) 𝔊ᴵᴵ liest οὗ ἂν πληρωθῇ ὁ χρόνος τῶν καιρῶν. Die Formulierung in 𝔊ᴵ zeigt sinnfällig, wie die Beschränkung des Begriffs αἰών auf die Zeitlichkeit der gegenwärtigen Schöpfung von der Bedeutung der Zeitlichkeit notwendig zur Bedeutung von αἰών als Inbegriff der ganzen Schöpfung, des Alls, der Welt, führen muß. Der Ausdruck καιροὶ τοῦ αἰῶνος in der Bedeutung „ewige Zeiten" wäre allenfalls, analog zu den Ausdrücken ὁ βασιλεὺς τῶν αἰώνων, αἱ γενεαὶ τοῦ αἰῶνος (s. die vorangehende Anmerkung) als hebraisierende Übersetzung denkbar. Das ist aber nicht nur aus dem Grund unwahrscheinlich, weil diese Formulierung in Übersetzungstexten der LXX anderwärts nicht überliefert ist (am nächsten käme Ps 80(81)₁₆ ἔσται ὁ καιρὸς αὐτῶν εἰς τὸν αἰῶνα), sondern auch aus dem Grund, weil dann in 𝔊ᴵ eine hebraisierende Übersetzung angenommen werden müßte, die von der Textform 𝔊ᴵᴵ abweicht. Das Verhältnis der Formulierung in 𝔊ᴵ zu derjenigen in 𝔊ᴵᴵ entspricht dem Verhältnis des im NT überlieferten Ausdrucks ἡ συντέλεια τοῦ αἰῶνος (Matth 13₃₉ f. ₄₉ 24₃ 28₂₀; vgl. Hebr 9₂₆ Cor I 10₁₁) zu den analogen vorgegebenen Formulierungen in LXX: συντέλεια ἡμερῶν (Dan 12₁₃ o' ϑ' für קץ הימין), συντέλεια καιρῶν (Dan 9₂₇ o' für קץ העתים (an Stelle von צוק העתים 25b), vgl. 11₁₃). Intertestamentarische Zwischenglieder, die als Vorlage עלם voraussetzen können, sind Test Levi 10₂ ἐπὶ τῇ συντελείᾳ τῶν αἰώνων (του αιωνος 1 Ms), Ass Mos 12₄ exitus saeculi, Syr Bar 54₂₁ 69₄ 83₇ שולמה דעלמא (vgl. G. Dalman, Die Worte Jesu, 2. Aufl. 1930, S. 126 f.).

spricht gegen die mehrfach vorgebrachte Annahme einer Textverderbnis[1]).
Es dürfte damit in der Textform 𝔊[I] einer der ältesten Belege für die Verwendung des Begriffs αἰών als Äquivalent des zugrunde liegenden עלם in der Bedeutung der Welt vorliegen. Auch das muß als Argument für den 𝔊[II] gegenüber sekundären Charakter der Textform 𝔊[I] gelten. Für eine absolute zeitliche Ansetzung fehlen aber auch hier die Kriterien. Denn diese Wandlung in der Bedeutung des Begriffs αἰών, die sich im Übergang von der Textform 𝔊[II] zur Textform 𝔊[I] ereignet, setzt nur noch indirekt die Äquivalenz mit einem zugrunde liegenden aramäischen oder hebräischen Original voraus[2]) und läßt sich darum von der griechischen Verwendung des Begriffs αἰών als „Welt" her erklären, die im hellenistischen Judentum seit der Sapientia Salomonis gesichert ist[3]).

Der literarische Vergleich der beiden Textformen ergibt, daß sich die Priorität der einen Textform gegenüber der andern nicht nachweisen läßt — es gibt keine Stelle, an der die Aussage der einen Textform notwendig als aus der entsprechenden Aussage der andern entstanden erklärt werden müßte —, daß aber grundsätzlich die Erklärung der Textform 𝔊[I] als bewußte, vor allem auf Textkürzung ausgerichtete Bearbeitung der Textform 𝔊[II] größere Wahrscheinlichkeit besitzt. Das Ergebnis des literarischen Vergleichs stützt damit den textgeschichtlichen Befund, nach welchem die Existenz einer hebräischen bzw. aramäischen Vorlage der Textform 𝔊[II], die durch die Fragmente von Qumran gesichert ist, die Entstehung der Textform 𝔊[II] als Bearbeitung von 𝔊[I], die dann ja neben der Textform 𝔊[I], die bearbeitet wird, als zweite Vorlage der Bearbeitung ein hebräisch-aramäisches Original voraussetzen müßte, als weniger wahrscheinlich erscheinen läßt[4]).
Mit diesem textgeschichtlichen Befund ist auch die zuvor umstrittene Frage für die Textform 𝔊[II] dokumentarisch beantwortet, ob es sich beim griechischen Tobittext um eine Übersetzung oder um ursprünglich griechische Formulierung

---

[1]) In 14₅ ist „die ursprüngliche Lesart" nur hinsichtlich der Frage nach der Priorität zwischen den beiden Textformen, nicht hinsichtlich der ursprünglichen Lesart in 𝔊[I] „ungewiß". Die Angaben zum Codex Alexandrinus bei G. Dalman, Die Worte Jesu, 2. Aufl. 1930, S. 121 sind falsch. Zu den Konjekturen zu 13₁₈ seit Houbigant s. Fritzsche z. St.

[2]) „Allgemein üblich" ist der Begriff עלם in der Bedeutung „Welt" mit Sicherheit erst „seit dem Ende des ersten (christlichen) Jahrhunderts" (Dalman a. a. O. S. 140).

[3]) 13₉ 14₆ 18₄. Die subtile Unterscheidung zwischen der Bedeutung von αἰών und κόσμος auch jenseits der Bedeutungswandlung des Begriffs αἰών (vgl. H. Sasse in: Theologisches Wörterbuch zum Neuen Testament I, 2. Aufl., Stuttgart 1949, S. 204, Anm. 20) zeigt Sap 14₆ ἡ ἐλπὶς τοῦ κόσμου ἐπὶ σχεδίας καταφυγοῦσα ἀπέλιπεν αἰῶνι σπέρμα γενέσεως. Die Nähe des Apostels Paulus zu diesem Zeugnis wird auch hier transparent: Cor I 1₂₀ 3₁₈ ₁₉. Das Buch Tobit kennt den Begriff κόσμος in beiden Textformen nicht. Die ältesten Belege für den Begriff αἰών in der Bedeutung „Welt" in der Profangräzität sind Diodorus Siculus (1,1,3) und der wahrscheinlich der frühen Kaiserzeit angehörende, unechte 17. Brief des Hippokrates (34).

[4]) Vgl. S. 15 f.

handle. Die auf Grund der Überlieferung nicht beantwortete Frage, ob auch die Textform $\mathfrak{G}^{I}$ auf hebräischer bzw. aramäischer Vorlage beruhe, muß dementsprechend aus dem Grund mit ziemlicher Sicherheit negativ beantwortet werden, weil (1) bei den von $\mathfrak{G}^{II}$ abweichenden Stellen keine Gründe für eine solche Vorlage sprechen, und weil (2) sich so auch hier die literarisch weniger wahrscheinliche Voraussetzung ergäbe, daß der Verfasser der Textform $\mathfrak{G}^{I}$ neben der Textform $\mathfrak{G}^{II}$ von einer zweiten Vorlage, einem hebräischen oder aramäischen Original, ausgehen müßte. Hinsichtlich der für die Textform $\mathfrak{G}^{I}$ anzunehmenden Art und Weise der Bearbeitung hat der literarische Vergleich aber auch ergeben, daß das Prinzip des Urhebers der Textform $\mathfrak{G}^{I}$ nicht allein in der rein formalen Intention der kürzenden Bearbeitung von $\mathfrak{G}^{II}$ bestehen kann, sondern daß es auch auf der Übernahme einer von $\mathfrak{G}^{II}$ unabhängigen Überlieferung beruhen muß.

Diese grundsätzliche Definition des Verhältnisses zwischen beiden Textformen wird aber durch einige Erscheinungen relativiert, die zu bedeutsam sind, als daß sie sich als Ausnahme erklären ließen, welche die Regel bestätigen, und die zu der Vermutung Anlaß geben, daß für die endgültige Bestimmung dieses Verhältnisses heute einige Zwischenglieder der frühen Textgeschichte fehlen. Diese Erscheinungen, die eher dafür sprechen, daß die Textform $\mathfrak{G}^{II}$ von $\mathfrak{G}^{I}$ abhängig und aus ihr entstanden sein könne, dürften am besten entweder daraus zu erklären sein, daß die heutige Überlieferung an einigen Stellen bereits ein Stadium sekundären Zusammenwachsens der beiden Textformen in ihrer ursprünglichen Gestalt voraussetzt, oder daß schon in frühester Zeit mit einer größeren Zahl je verschiedener aber literarisch voneinander abhängiger Textformen gerechnet werden muß, deren bedeutsamste und allein vollständig erhaltene Repräsentanten die beiden Textformen $\mathfrak{G}^{I}$ und $\mathfrak{G}^{II}$ sind.

Weitere Kriterien für die Bestimmung der Priorität zwischen den beiden Textformen $\mathfrak{G}^{I}$ und $\mathfrak{G}^{II}$ gibt es nicht. In überlieferungsgeschichtlicher Hinsicht legt die scharfsinnige Beobachtung von J. Rendel Harris[1]), daß die formale Verwandtschaft der Klage der Hanna über den Verlust ihres Sohnes und ihrer Tröstung durch Tobit[2]) mit der Klage Rebekkas über den Abschied Jakobs und ihrer Tröstung durch Isaak im lateinischen Text des Jubiläenbuches[3]) ein Schema von Klage und Tröstung voraussetzt, das in der Textform $\mathfrak{G}^{II}$ des Tobitbuches besser erhalten geblieben ist als in $\mathfrak{G}^{I}$, wohl wiederum die Vermutung nahe, daß die Durchbrechung dieses Schemas in der Textform $\mathfrak{G}^{I}$ auf ihre textverkürzende Intention zurückzuführen sei; doch sind die

---

[1]) The double Text of Tobit, The American Journal of Theology 3 (1899) 549—553.

[2]) 5_{18}—6_1 $10_{4\text{-}7}$, vgl. $5_{16\text{-}17}$.

[3]) Nach der Ausgabe von H. Rönsch, Das Buch der Jubiläen, Leipzig 1874, S. 46: $27_{10\text{-}14}$; nach der Übersetzung von K. Berger, Das Buch der Jubiläen, Jüdische Schriften aus hellenistisch-römischer Zeit II, 3, 1981, S. 460: $27_{12\text{-}17}$.

Argumente, die Harris für weitergehende textgeschichtliche Schlüsse vorbringt[1]), zu wenig beweiskräftig.

In sprachgeschichtlicher Hinsicht läßt sich die Feststellung, daß attisierende Erscheinungen in der Textform $\mathfrak{G}^I$ gegenüber $\mathfrak{G}^{II}$ überwiegen[2]), schon aus dem Grund nicht für einen Schluß auf das Sprachstadium der Textformen auswerten, weil die griechische Überlieferung der Textform $\mathfrak{G}^{II}$ in dieser Hinsicht für die Herstellung des ursprünglichen Textes zu dürftig ist.

Für die Hypothese des frühen selbständigen Nebeneinanderbestehens der beiden Textformen $\mathfrak{G}^I$ und $\mathfrak{G}^{II}$, deren ursprüngliches Abhängigkeitsverhältnis grundsätzlich als textverkürzende Bearbeitung der Textform $\mathfrak{G}^{II}$ durch den Urheber der Textform $\mathfrak{G}^I$ zu bestimmen ist, deren heute überlieferte Gestalt aber an einigen Stellen bereits ein sekundäres Zusammenwachsen bzw. nicht mehr erhaltene Zwischenglieder voraussetzt, spricht auch die Tobitüberlieferung als Ganzes.

Ihr ältestes faßbares Stadium scheint zwar bereits grundsätzlich die Zweiteilung vorauszusetzen, die uns heute in den beiden Textformen $\mathfrak{G}^I$ und $\mathfrak{G}^{II}$ erhalten ist: die Textform $\mathfrak{G}^I$ — sicher seit Origenes — in der griechischen Tradition, die Textform $\mathfrak{G}^{II}$, lateinisch in ursprünglicherer Gestalt erhalten als in den beiden griechischen Zeugen S und 319, — sicher seit Cyprian — in der lateinischen Tradition[3]).

Aber hinter diese beiden festen Punkte der Wende vom zweiten zum dritten christlichen Jahrhundert zurückzukommen, ist nur noch in beschränktem Maße möglich. Das Neue Testament zitiert in seinem ursprünglichen Text das Buch Tobit nirgends[4]). Die älteste mit der Tobitüberlieferung gemeinsame frühchristliche Tradition, die „goldene Regel" (4,15), die in verschiedenen Formulierungen im westlichen Text der Apostelgeschichte (15,29), in der Didache (1,2) und bei Tertullian (Marc 5,85) bezeugt ist, läßt nicht nur keinen Schluß

---

[1]) Er postuliert Abhängigkeit der Jubiläen vom hebräischen (oder aramäischen) Original des Tobitbuches, und für die Textform $\mathfrak{G}^{II}$ des Tobitbuches die Angleichung eines vorliegenden griechischen Textes (im Ganzen $\mathfrak{G}^I$) an das hebräische Original (S. 552f.).

[2]) 10,12 $\mathfrak{G}^I$ παρακαταθήκη $\mathfrak{G}^{II}$ παραθήκη: cf Phryn p 312; 2,10 $\mathfrak{G}^I$ στρουθία ... ἐστίν $\mathfrak{G}^{II}$ στρουθία ... εἰσιν; 1,9 $\mathfrak{G}^I$ ἐγενόμην $\mathfrak{G}^{II}$ ἐγενήθην: cf praef p 49; 2,6 $\mathfrak{G}^I$ εἰς θρῆνον $\mathfrak{G}^{II}$ εἰς θρῆνος. Dagegen: 8,17 $\mathfrak{G}^{II}$ ποίησον ... ἔλεος ... μετ' ... ἐλέου $\mathfrak{G}^I$ ποίησον ... ἔλεος ... μετὰ ... ἐλέους: cf. praef p 45; 14,4 $\mathfrak{G}^{II}$ κανθήσεται $\mathfrak{G}^I$ κατακαήσεται: cf Thack 21,4.

[3]) Die einzige Ausnahme eines eindeutig der Textform $\mathfrak{G}^I$ zuzuweisenden Zitates in der lateinischen Tradition ist die Überlieferung von Tob 14,3-4 in des Hieronymus Prolog zu seinem um 394 entstandenen Kommentar zum Buch Jona (CC 76, 378), wo die Prophetie von der Zerstörung Ninives im Unterschied zum Text von S, der Nahum nennt, und von La und D, die keinen Propheten nennen, übereinstimmend mit $\mathfrak{G}^I$ Jona zugeschrieben wird (vgl. S. 34). Die Kenntnis der Textform $\mathfrak{G}^I$ ist bei Hieronymus nicht zu verwundern. Textgeschichtlich bedeutsam ist, daß die Umstellung des Ausdrucks λάβε τοὺς υἱούς σου 14,3 an das Ende des Verses mit der Rezension a zusammengeht und damit einen Terminus ante quem für diese Rezension wahrscheinlich macht (vgl. S. 41 Anm. 3).

[4]) Ist Act 9,18 eine Anspielung auf Tob 11,12-13?

auf die Zugehörigkeit zu $\mathfrak{G}^{\mathrm{I}}$ oder zu $\mathfrak{G}^{\mathrm{II}}$ zu — der nur im Codex Sinaiticus fehlende Textteil ist nunmehr auch in $\mathfrak{G}^{\mathrm{II}}$ durch Hs. 319 griechisch bezeugt —, sie ist trotz der mit Tob gemeinsamen, von Matth 7₁₂ abweichenden negativen Formulierung nicht einmal mit Sicherheit auf die Tobittradition zurückzuführen, da dieser aus dem Griechentum übernommene Topos sowohl in positiver als auch in negativer Formulierung im vorchristlichen Judentum der hellenistischen Zeit auch anderwärts überliefert ist[1]).

Das älteste textgeschichtlich verwertbare Zitat, das eindeutig die griechische Tobitüberlieferung voraussetzt, die Erinnerung an die gleichzeitige Erhörung der Gebete Tobits und der Sara (3₁₆-₁₇) im Danielkommentar des Hippolytos von Rom[2]), ist zwar zu frei, als daß sich über die Zugehörigkeit zu $\mathfrak{G}^{\mathrm{I}}$ oder zu $\mathfrak{G}^{\mathrm{II}}$ mit Sicherheit entscheiden ließe, weist aber doch im Vergleich mit dem eindeutig der Textform $\mathfrak{G}^{\mathrm{I}}$ zugehörenden Text des Origenes (De or 3₂₁) zwei Elemente auf, die eher für $\mathfrak{G}^{\mathrm{II}}$ als Grundlage sprechen: den ausdrücklichen Verweis auf die Gleichzeitigkeit, ἐν αὐτῷ τῷ καιρῷ in $\mathfrak{G}^{\mathrm{II}}$, τῇ αὐτῇ ὥρᾳ καὶ τῇ αὐτῇ ἡμέρᾳ bei Hippolyt, und die Nennung des Subjekts im zweiten Satzteil, Ραφαήλ in $\mathfrak{G}^{\mathrm{II}}$, ὁ ἄγγελος Ραφαήλ bei Hippolyt, die darauf schließen läßt, daß das im Vordersatz vorausgesetzte Subjekt der Erhörung, das in $\mathfrak{G}^{\mathrm{I}}$ mit dem Ausdruck ἐνώπιον τῆς δόξης τοῦ μεγάλου Ραφαήλ, in $\mathfrak{G}^{\mathrm{II}}$ mit ἐνώπιον τῆς δόξης τοῦ θεοῦ ausgesprochen wird, auch nach der Vorlage Hippolyts, der diesen Satzteil nicht zitiert, mit $\mathfrak{G}^{\mathrm{II}}$ Gott, nicht mit $\mathfrak{G}^{\mathrm{I}}$ Raphael gewesen sein muß.

Die aus diesem Befund der Textgeschichte naheliegende Folgerung, daß die Entstehung der Textform $\mathfrak{G}^{\mathrm{I}}$ mit der Textarbeit des Origenes in Zusammenhang gebracht werden könnte, muß zwar nicht aus dem Grund abgelehnt werden, daß Origenes nach eigenem Zeugnis[3]) keine von den Juden überlieferte hebräische Vorlage kennt[4]), wohl aber aus dem Grund, daß eine Art der Rezension, wie sie die Textform $\mathfrak{G}^{\mathrm{I}}$ als Bearbeitung von $\mathfrak{G}^{\mathrm{II}}$ darstellte, nicht den Rezensionsprinzipien des Origenes entspräche[5]).

Die Tobitzitate des Origenes erweisen demnach die Existenz der Textform $\mathfrak{G}^{\mathrm{I}}$ in ihrer ursprünglichen Gestalt als seine Vorlage gleicherweise, wie die Zitate Cyprians die Existenz der Textform $\mathfrak{G}^{\mathrm{II}}$ um die gleiche Zeit — bereits in lateinischer Übersetzung — erweisen. Die Textgeschichte der diesem Stadium vorangehenden Zeit bleibt von der Bezeugung her sowohl hinsichtlich

---

[1]) Vgl. A. Dihle, Die goldene Regel, 1962, S. 8ff. und 82ff. Der Ausdruck μὴ θέλετε (nolueris u. ä. vgl. App. zu $\mathfrak{G}^{\mathrm{II}}$) an Stelle von ὃ μισεῖς in $\mathfrak{G}^{\mathrm{I}}$ und $\mathfrak{G}^{\mathrm{II}}$ spricht eher für eine selbständige Tradition, die dann aber sekundär, bei La^{X}, auch in die Tobitüberlieferung eingedrungen sein müßte. Die wörtliche Formulierung nach Tobit findet sich erst bei Clemens Alexandrinus (Strom II 23 (139,1—2): ἡ γραφὴ δεδήλωκεν), der das Buch Tobit auch nachweisbar kennt (Strom I 21 (123,5), Hyp V (S. 196)). Wie nah verwandt die Formulierung sein kann, ohne daß deshalb Abhängigkeit von Tob anzunehmen ist, zeigt das bei Euseb (Praep VIII 7,6) überlieferte Zitat Philos: ἅ τις παθεῖν ἐχθαίρει, μὴ ποιεῖν αὐτόν.

[2]) Vgl. App. zu $\mathfrak{G}^{\mathrm{II}}$.   [3]) Vgl. S. 11.

[4]) Zu diesem Problem vgl. TGI S. 14.

[5]) Gegen J. Lebram, Die Peschitta zu Tobit 7₁₁—14₁₅, ZAW 69 (1957) 204.

der Frage nach der Priorität als auch hinsichtlich der Frage nach der gegenseitigen Abhängigkeit im Dunkeln. Doch ist für diese Zeit kein sicheres Indiz für eine sekundäre Berührung der beiden Textformen überliefert.

Die Frage, ob sich bei Origenes selbst erste Spuren einer Rezension der ihm vorgegebenen Textform $\mathfrak{G}^{I}$ nach $\mathfrak{G}^{II}$ erkennen lassen, läßt sich angesichts der geringen Zahl der Zitate und auf Grund des Charakters ihrer Sekundärlesarten nicht mit Sicherheit beantworten. Auffällig ist aber, daß die meisten und bedeutsamsten unter ihnen Übereinstimmungen mit der Textform $\mathfrak{G}^{II}$ zeigen: 1₁₆ ἐποίουν] εποιησα c Or ad Afr 43 = $\mathfrak{G}^{II}$ 17 τὰ ἱμάτια 318 392 Sy] om τά B 46 319 Or ad Afr Sixt = $\mathfrak{G}^{II}$, cf D₂₀; + μου rel   3₂ ἐλεημοσύναι] -νη V b c 46 583 Or de or 331 = $\mathfrak{G}^{II}$ 12₇ καλὸν κρύψαι] κρυπτειν καλον a⁻⁷⁴' 126 488 535 Or c Cels III 31 Dion ad Germᵃᵖ (Eus Hist IX 2,654) = $\mathfrak{G}^{II}$ 12₁₅ εἷς ἐκ τῶν ἑπτὰ ἁγίων ἀγγέλων] om ἐκ V a 126 311 318 392 Or de or 321 = $\mathfrak{G}^{II}$; om ἁγίων V 76-370ˢ 55 Saᴬ (deest Saᴮ) Or de or = $\mathfrak{G}^{II}$ om τὰς προσευχὰς τῶν ἁγίων 990 319 Syᴼ Saᴬ (deest Saᴮ) Or de or: cf $\mathfrak{G}^{II}$[1]). Diese sekundären Angleichungen an die Textform $\mathfrak{G}^{II}$, bei denen sich die Zitatform des Origenes mit verschiedenen Zeugen der LXX, am deutlichsten mit der Rezension a, verbinden kann, legen sowohl auf Grund ihrer im Verhältnis zum geringen Zitatbestand relativ großen Zahl als auch auf Grund ihres Charakters[2]) die Möglichkeit nahe, daß die Überarbeitung der Textform $\mathfrak{G}^{I}$ nach dem Kriterium von $\mathfrak{G}^{II}$ ihren Ursprung in der Rezensionsarbeit des Origenes gehabt haben kann[3]). Dagegen könnte sprechen, daß auch im Textbereich dieser Zitate tiefergreifende Korrekturen nach $\mathfrak{G}^{II}$ überliefert sind, die nicht von Origenes mitbezeugt werden. So erscheint zum Beispiel in 3₁₆-₁₇, wo die Zeugen b 311 Sy Sa (ähnlich auch 542 126 488) die Aussage von $\mathfrak{G}^{I}$, daß das Gebet des Tobit und der Sara vor der Herrlichkeit des großen Raphael erhört wurde, nach $\mathfrak{G}^{II}$ in die Aussage ändern, daß ihr Gebet vor der Herrlichkeit Gottes erhört wurde — eine Änderung, die sowohl inhaltlich als auch formal nicht anders erklärt werden kann denn als Übernahme aus $\mathfrak{G}^{II}$ — Origenes als Zeuge für den ursprünglichen Text von $\mathfrak{G}^{I}$. Aber dieser Befund ließe sich mit guten Gründen innerhalb der Schule des Origenes mit einer stufenweisen Überarbeitung nach der Textform $\mathfrak{G}^{II}$ erklären, deren endgültiges Stadium in den Zitaten des Origenes zu finden eher unwahrscheinlich wäre, während die Überlieferung einer Vorform dieser Rezension in diesen Zitaten durchaus denkbar

---

[1]) Zu dieser Variante vgl. S. 42 f. Alter und unterschiedlicher Charakter der Zeugen beweisen, daß die Auslassung Rezensionselement sein muß und nicht lediglich Textverderbnis sein kann, die im Text des Origenes mit Koetschau nach $\mathfrak{G}^{I}$ korrigiert werden dürfte.

[2]) Das gilt vor allem für 12₇ und 15.

[3]) In diesem Zusammenhang wäre auch das Zitat des Hieronymus von Tob 14₃-₄ in der Textform $\mathfrak{G}^{I}$ (vgl. S. 39 Anm. 3) erklärbar: Daß Hieronymus hexaplarische Überlieferung der Textform $\mathfrak{G}^{I}$ vorlag, ist am ehesten zu erwarten. Die von ihm zusammen mit der Rezension a überlieferte Umstellung läßt sich insofern als Angleichung an $\mathfrak{G}^{II}$ bestimmen, als dadurch der Befehl, die Söhne mitzunehmen, in beiden Textformen unmittelbar vor den Befehl zu stehen kommt, nach Medien auszuwandern.

ist, da es sich um späte Schriften des Origenes aus der Zeit seiner Rezensionsarbeit an den biblischen Büchern handelt.

Sicher ist aber, daß die rezensionelle Bearbeitung der Textform $\mathfrak{G}^\mathrm{I}$ nach $\mathfrak{G}^\mathrm{II}$, die sich in Rezensionen und Einzelzeugen von $\mathfrak{G}^\mathrm{I}$ nachweisen läßt[1]), nicht die Intensität und den Charakter der von den Zeugen 58, 583, La und Sy überlieferten Rezension des Buches Iudith, deren Rezensionselemente sich teilweise in der Überlieferung der Vulgata wiederfinden, zeigt, und daß darum trotz der dargelegten Übereinstimmungen beim Tobitbuch von einer eigentlichen „hexaplarischen Rezension" nicht die Rede sein kann.

Doch zeigt die frühe Überlieferung des griechischen Tobittextes, die aus den beiden alten Papyrusfragmenten 990 und 910 noch in Spuren erkennbar ist, daß die beiden überlieferten Textformen $\mathfrak{G}^\mathrm{I}$ und $\mathfrak{G}^\mathrm{II}$ schon früh, in vor- oder in nachhexaplarischer Zeit, Wandlungen durchgemacht haben müssen, die einerseits auf einer paraphrasierenden Textbearbeitung, die tiefer eingreift als die christlichen Rezensionen, andererseits auf einem Zusammenwachsen der beiden Textformen beruhen dürften, das nicht rezensionell sondern überlieferungsgeschichtlich begründet ist. Die Tatsache, daß sich auch in diesen Textfragmenten trotz ihres geringen Umfangs als Grundlage die überlieferten Textformen $\mathfrak{G}^\mathrm{I}$ und $\mathfrak{G}^\mathrm{II}$ eindeutig wiedererkennen lassen, spricht dafür, daß diese beiden überlieferten Textformen auch die ältesten und die einzigen waren, die als Kriterium früher freier Bearbeitungen dieser Art dienten. Die Tatsache, daß Bearbeitungen und Wandlungen von solch tiefgreifender Art in dieser frühen Zeit überhaupt möglich waren — geistesgeschichtlich ein Phänomen, das nur für apokryphe, das heißt kanonsgeschichtlich noch nicht gefestigte Schriften in Frage kommen dürfte —, erklärt aber auch jene Fälle am besten, die der grundsätzlichen Feststellung zu widersprechen scheinen, daß die Textform $\mathfrak{G}^\mathrm{I}$ gegenüber $\mathfrak{G}^\mathrm{II}$ ein sekundäres Stadium der Textgeschichte darstellt: Hier dürften — eine Ausnahme, die die Regel bestätigt — die beiden ältesten Textformen nicht mehr in ihrer ursprünglichen Gestalt erhalten geblieben sein.

Für den Text des dem späten 3. Jh. n. Chr. angehörenden Papyrusfragments 990 (12_{14-19})[2]) bildet die Textform $\mathfrak{G}^\mathrm{I}$ die Grundlage. Einige Stellen zeigen ein eher unverarbeitetes Eindringen von Elementen aus $\mathfrak{G}^\mathrm{II}$:

1. In v. 15 erscheint der Ausdruck οἱ προσαναφέρουσιν in absolutem Gebrauch, ohne das in $\mathfrak{G}^\mathrm{I}$ überlieferte, für das Verständnis notwendige Akkusativobjekt τὰς προσευχὰς τῶν ἁγίων, an Stelle des absoluten, aber mit der folgenden Näherbestimmung ἐνώπιον τῆς δόξης κυρίου sinnvollen Ausdrucks οἱ παρεστήκασιν in $\mathfrak{G}^\mathrm{II}$. Absoluter Gebrauch des Verbums προσαναφέρειν läßt sich zwar nachweisen[3]), aber nur in Fällen, wo das Akkusativobjekt, die Sache, die vorgebracht wird, aus dem Kontext eindeutig erschlossen werden kann. Das ist

---

[1]) Vgl. S. 49ff.   [2]) Vgl. Tob Einl. S. 10.
[3]) Idt 11_{18}; Plb 31,11,4; DS 17,116,7.

hier nicht der Fall, sein Fehlen darum am besten aus dem Zusammenwachsen der beiden Textformen zu erklären. Daß es sich nicht um einen zufälligen Textausfall handeln kann, beweist seine Bezeugung durch die weiteren bedeutsamen und selbständigen alten Zeugen 319 Sy⁰ Saᴬ und offenbar bereits der Vorlage des Origenes[1]).

2. In v. 18 läßt sich die schwerfällige Formulierung in 990: *εγω μεϑ υμων ουχ οτι τη εμαυτου χαριτι ημην αλλα τη ϑελησει του ϑεου*, kaum anders erklären denn als Kontamination aus den entsprechenden Aussagen in den Textformen 𝔊ᴵ (*ὅτι οὐ τῇ ἐμαυτοῦ χάριτι, ἀλλὰ τῇ ϑελήσει τοῦ ϑεοῦ ἡμῶν ἦλϑον*) und 𝔊ᴵᴵ (*ἐγὼ ὅτε ἤμην μεϑ᾽ ὑμῶν, οὐχὶ τῇ ἐμῇ χάριτι ἤμην μεϑ᾽ ὑμῶν, ἀλλὰ τῇ ϑελήσει τοῦ ϑεοῦ*). Die begründende Konjunktion *ὅτι* aus 𝔊ᴵ, die nur am Anfang des Satzes sinnvoll ist[2]), wird mit der zeitbestimmenden Konjunktion *ὅτε* aus 𝔊ᴵᴵ identifiziert. Die Übernahme der Formulierung mit *ἤμην* aus 𝔊ᴵᴵ dürfte damit zu erklären sein, daß 990 die Textform 𝔊ᴵ bereits mit der auch von B und Sa bezeugten, aber fraglos sekundären Tilgung des Verbum finitum *ἦλϑον* vorlag[3]).

3. Die Beziehung der Zeitbestimmung *πάσας τὰς ἡμέρας* auf das Verbum finitum *ὠπτανόμην*, die 990 mit 𝔊ᴵ gemeinsam ist (v. 18-19), ist mit ziemlicher Sicherheit aus der textverkürzenden Arbeit von 𝔊ᴵ an der Vorlage 𝔊ᴵᴵ zu erklären, wo die gleiche Zeitbestimmung mit der vorangehenden doppelten Aufforderung zum Loben (*εὐλογεῖτε, ὑμνεῖτε*) verbunden war. Im Zug dieser Textbearbeitung ist in 𝔊ᴵ auch die Aussage des Engels nach 𝔊ᴵᴵ: „Ihr saht, daß ich keine Speise zu mir nahm" (*ἐϑεωρεῖτέ με ὅτι οὐκ ἔφαγον οὐϑέν*) durch die parataktische Formulierung *ὠπτανόμην ὑμῖν καὶ οὐκ ἔφαγον* verblaßt. Das ist der Grund, warum hier in 990 die Formulierung von 𝔊ᴵᴵ als Dublette nachgetragen wird[4]).

4. Die übrigen bedeutsameren Fälle mit uneinheitlicher Überlieferung sind, auch hinsichtlich der mit 990 zusammengehenden Zeugen, textgeschichtlich aus dem Grund von geringerer Bedeutung, weil sie für die Annahme ihrer Herkunft aus anderen Vorlagen zu wenig beweiskräftig sind: In v. 16 mutet der Ausdruck *επεσαν επι προσωπον επι την γην* wie eine Dublette aus 𝔊ᴵᴵ und 𝔊ᴵᴵᴵ (*d* Sy) an. Mit 𝔊ᴵᴵᴵ geht 990 auch in der Tilgung von *Σάρραν* in v. 14 zusammen. *αγιων* an Stelle von *ἀγγέλων* in 𝔊ᴵᴵ, *ἁγίων ἀγγέλων* in 𝔊ᴵ (aber zusammen mit La⁻ᴿ) in v. 15 ist eher als Homoioteleuton-Ausfall denn als bewußte Inanspruchnahme des Begriffs *ἅγιος* für die Engel zu erklären, wie auch die unterschied-

---

[1]) Vgl. S. 41. Mit den Herausgebern von 990 Grenfell-Hunt in dem absoluten *προσαναφέρουσιν* den ursprünglichen Text zu postulieren (S. 3), ist aus den vorgebrachten Gründen nicht annehmbar.

[2]) Allerdings ist die Lesung nicht völlig gesichert.

[3]) Schon diese vorgängige Tilgung dürfte aus der Berührung mit 𝔊ᴵᴵ zu erklären sein. Anders Grenfell-Hunt S. 3. Die Priorität von 𝔊ᴵᴵ gilt nur gegenüber der Formulierung von 𝔊ᴵ als ganzer, zu der *ἦλϑον* notwendig gehört.

[4]) Das Vorkommen dieser Dublette ist das wichtigste Argument gegen die These von Grenfell-Hunt, daß der Text von 990 nicht den beiden Textformen 𝔊ᴵ und 𝔊ᴵᴵ gegenüber sekundär sei.

lichen Bezeichnungen für Gott in v. 15, τοῦ ἁγίου in 𝕲^I, κυρίου in 𝕲^{II} (S), τοῦ θεοῦ τοῦ μεγάλου in 990 (vgl. *summi dei* in PsFulg sermo 21), τοῦ θεοῦ (aber mit Tilgung des vorangehenden τῆς δόξης in d Sy) in 𝕲^{III} La, keinen Schluß auf gegenseitige Abhängigkeit erlauben.

In dem im 6. Jh. n. Chr. anzusetzenden, Versteile aus 2₂₋₈ enthaltenden Papyrusfragment 910 ist eine noch stärkere gegenseitige Durchdringung der beiden Textformen 𝕲^I und 𝕲^{II}, dazu aber auch zuweilen eine nach Wortgebrauch und Konstruktion diesen Textformen gegenüber freie Formulierung feststellbar. Die Textgrundlage ist eindeutig 𝕲^{II}, der gegenüber die Textform 𝕲^I in den Hintergrund tritt. In v. 2 berühren sich Wortgebrauch und Textumfang mit beiden Textformen: πολ]λα mit 𝕲^I gegen 𝕲^{II} (πλείονα), πτωχων (wahrscheinlich itazistisch für πτωχον) mit 𝕲^{II} gegen 𝕲^I (ἐνδεῆ) — so auch die Verbalform βαδιζε (gegen 𝕲^I (Βάδισον)) —, die Tilgung von Παιδίον mit 𝕲^I, der Zusatz von τωβια aber mit 𝕲^{II}; der syntaktisch bedeutsamste Unterschied, die Umstellung des in 𝕲^{II} — fraglos aus übersetzungstechnischen Gründen — nachgestellten Imperativs καὶ ἄγαγε an den Satzanfang ist 910 mit 𝕲^I gemeinsam. In v. 2 beweist das erhalten gebliebene Versende σθαι σε, daß in 910 mit 𝕲^{II} und gegen 𝕲^I eine Infinitivkonstruktion, aber mit anderem Wortgebrauch, wahrscheinlich παραγενεσθαι, vorlag. In v. 3 weist 910 mit geringen Wortlautänderungen den um die Satzteile ζητῆσαι — ἡμῶν 1° und Πάτερ 1° — 2° verkürzten Text von 𝕲^{II} auf, der von dem in 𝕲^I überlieferten Text, da dieser 𝕲^{II} gegenüber in noch stärkerer Weise verkürzt ist und auch mit der Wortänderung γένους gegenüber ἔθνους in 𝕲^{II} und 910 abweicht, unabhängig sein muß. Auch der erhaltene Teil von v. 4 gibt mit geringer Änderung im Wortlaut und mit der Kürzung um das zweite Verbum finitum ἔθηκα den Text von 𝕲^{II} an einer Stelle wieder, wo 𝕲^I in stärkerem Maße kürzt. In v. 8 überliefert 910 gegen 𝕲^I die in 𝕲^{II} überlieferte Aussage ἐπεζητήθη τοῦ φονευθῆναι, aber in völlig anderer, gräzisierender, Formulierung: εκινδυνευσεν[1] αποθανειν und fügt selbständig den als Reminiszenz an 1₂₀ zu erklärenden Satz και απωλεσεν παντα τα υπαρχοντα αυτου hinzu, der aber an dieser Stelle auch in den besten altlateinischen 𝕲^{II}-Zeugen La^{QPJ} überliefert ist.

Schon der Herausgeber dieses Papyrus, A. S. Hunt, hat vermutet, daß es sich hier um die nur in 6₉—12₂₂ bei d, in 7₁₁—12₂₂ bei Sy erhalten gebliebene Textform 𝕲^{III} handle[2]. Dieser Vermutung ist schon aus dem Grunde zuzustimmen, daß sich in den wenigen Versteilen dieses Fragments alle Elemente wiederfinden, die für diese Textform charakteristisch sind. Die von Hunt vorgebrachten Beispiele, die der Kürzung des Gesprächsvorgangs in 2₃ analoge Kürzung der gleichen Situation in 6₁₁ (om τῷ παιδαρίῳ d 319 La   om Τωβία— αὐτῷ 2° d La^{QPW}), und die dem Zusatz in 2₈ entsprechenden erklärenden Zu-

---

[1]) Zugrunde liegt aramäisches בעה in der Bedeutung „Gefahr laufen"; vgl. Dan 2₁₃ in o′ und die Umdeutung in ϑ′.
[2]) S. 7.

sätze in 6₁₅ (ἐγώ] + απο του πνευματος του ακαθαρτου d   ὅτι] + φιλει αυτην
και d 319 La (La^X sim): cf 𝕲^I), sind nicht nur ihrem Charakter nach für diese
Textform bestimmend, sondern auch hinsichtlich ihrer Überlieferung: als Elemente, die von den besten altlateinischen Zeugen mitüberliefert sind, und die
teilweise (so der Zusatz φιλει αυτην in 6₁₅) mit der Textform 𝕲^I übereinstimmen.
Dazu ist in dem von d bezeugten Ausdruck τὸ πνεῦμα τὸ ἀκάθαρτον ein Beispiel
für die der Textform 𝕲^III eigentümlichen Änderungen des Wortlauts zu sehen,
die 9₁₀ in 2₈ mit dem Ausdruck εκινδυνευσεν αποθανειν an Stelle von ἐπεζητήθη
τοῦ φονευθῆναι in 𝕲^II bezeugt; denn in 𝕲^III steht dieser Begriff für δαιμόνιον
in 𝕲^I und 𝕲^II (vgl. auch 6₁₄). Hinsichtlich der nach der Ergänzung Hunts
wahrscheinlichen Ersetzung von ἐλθεῖν in 𝕲^II 2₂ durch παραγενεσθαι sei auf
6₁₀ verwiesen, wo in der Verkürzung des Satzteils ὅτε — ἤγγιζεν in 𝕲^III (d, vgl.
La^W: venerunt) παραγινονται an die Stelle der Verben εἰσῆλθεν und ἤγγιζεν tritt.
    Als weiteres Argument dafür, daß der von 9₁₀ überlieferte Text mit der
Textform 𝕲^III identisch ist, muß die unwiderleglich und auch — im Unterschied zu 990 — unwidersprochene Feststellung gelten, daß beide Texte die
Textformen 𝕲^I und 𝕲^II als Vorlagen und als Grundlagen ihrer Bearbeitung
voraussetzen. Das zeigt innerhalb des von d Sy überlieferten Teils besonders
deutlich z. B. 8₇, wo der übersetzungstechnisch zu erklärende abgeschwächte
Gebrauch des Verbums ἐπιτάσσειν im Sinn des Gewährens in 𝕲^I und 𝕲^II ἐπίταξον ἐλεῆσαί με (vgl. 3₆, in 𝕲^I auch 15)¹) in 𝕲^III (d) in eine finale Infinitivkonstruktion geändert wird: επι τω ελεηθηναι ημας (vgl. ut miserearis nostri La),
und wo die innergriechische Transformation des Infinitivs συγκαταγηρᾶσαι in
συγκαταργησαι die Näherbestimmung τω ακαθαρτω δαιμονιω nach sich zieht²).
    Die Identifizierung des in 9₁₀ überlieferten Textes mit der Textform 𝕲^III
führt damit zu dem textgeschichtlich bedeutsamen Schluß, daß eine Textform, die eine Verarbeitung der beiden Textformen 𝕲^I und 𝕲^II darstellt, bereits
vor dem 6. Jh. n. Chr., der Zeit ihres ältesten Zeugen, existiert haben muß.
Das frühe, sicher vorhexaplarische, Nebeneinanderbestehen der beiden Textformen, das schon im späten 3. Jh., bei 990, zu ersten gegenseitigen Berührungen führen konnte, erscheint damit auch überlieferungsgeschichtlich
gesichert.
    Für die Textgeschichte der Textform 𝕲^I ergibt sich daraus aber ein weiterer
Schluß: Da einige der von 𝕲^II abweichenden Elemente der Textform 𝕲^III
nicht mit dem ursprünglichen Text von 𝕲^I übereinstimmen, sondern mit
Lesarten seiner Rezensionen, müssen auch diese Rezensionen, wenigstens in
ihrem ursprünglichen Stadium in der Zeit vor dem 6. Jh. angesetzt werden³).

¹) Vgl. S. 28f.   ²) Vgl. S. 14 Anm. 1.
³) Für die Rezension a wird damit der aus dem Zitat des Hieronymus (vgl. S. 41
Anm. 3) gezogene Schluß bestätigt. Die Belege sind: für a: 9₂ ἄγε] αγαγε 74'-370s 108
535 = d ₄ om λίαν a⁻⁷⁴'³⁷⁰ˢ 58 126 311 488 = d La⁻ᴶ Sy   10₁₀ ἀργύριον] + και (> 71)
χρυσιον V a 126: cf d   11₆ και ειπεν] και δραμουσα ειπεν a 126; pr et ivit Aeth = 106 Sy
(pr και εδραμεν) 𝔇 (currens), für b: 9₂ παρά] προς 64-381-728 Ald = d Sy   11₁ επορεύετο]
επορευθη b: cf d   12₈ θησαυρισαι] -ριζειν 98-243-248-731 = d, für c: 7₈ ὑπεδέξαντο] -ξατο

45

Daraus ergibt sich für die genauere Bestimmung der drei Textformen wenigstens ein relatives chronologisches Gerüst: Für die Herstellung des ursprünglichen Textes der Textform $\mathfrak{G}^{\mathrm{I}}$, der einzigen eigentlichen Textrekonstruktion, die auf Grund der erhaltenen Überlieferung durchführbar ist, muß als erstes Kriterium ihr literarischer Charakter als Verkürzung, Vereinfachung und Verdeutlichung der vorgegebenen Textform $\mathfrak{G}^{\mathrm{II}}$ gelten. Dieses Hauptkriterium wird relativiert durch die vor allem auf Grund der dürftigen und in sich uneinheitlichen Überlieferung der Textform $\mathfrak{G}^{\mathrm{II}}$ gegebene Möglichkeit, daß sich das Verhältnis von Vorlage und Bearbeitung in der erhaltenen Überlieferung der Textformen $\mathfrak{G}^{\mathrm{I}}$ und $\mathfrak{G}^{\mathrm{II}}$ zuweilen überschneiden kann. Da das grundsätzliche Verhältnis der Textformen $\mathfrak{G}^{\mathrm{I}}$ und $\mathfrak{G}^{\mathrm{II}}$ ein Verhältnis weitgehender Übereinstimmung ist, welche die gegenseitige Abhängigkeit beweist, kann für die Herstellung der Textform $\mathfrak{G}^{\mathrm{I}}$ bei gespaltener Überlieferung die Übereinstimmung mit $\mathfrak{G}^{\mathrm{II}}$ nicht als Kriterium des ursprünglichen Textes gelten. Hier kann die Entscheidung erst auf Grund der Beantwortung der Frage getroffen werden, ob die eine mit $\mathfrak{G}^{\mathrm{II}}$ übereinstimmende Lesart überliefernde Textgruppe oder Rezension von $\mathfrak{G}^{\mathrm{I}}$ sekundär nach $\mathfrak{G}^{\mathrm{II}}$ korrigiert. Die Textform $\mathfrak{G}^{\mathrm{II}}$ ist auf Grund ihrer uneinheitlichen Überlieferung — S, 319, La — in ihrer ursprünglichen, bzw. ihrer als Vorlage für die Bearbeitung von $\mathfrak{G}^{\mathrm{I}}$ vorauszusetzenden Gestalt nicht mehr herstellbar. Hier muß grundsätzlich gelten, daß der Text des Codex Sinaiticus, der als einziger vollständig erhaltener griechischer Zeuge die Grundlage bilden muß, oft der altlateinischen Überlieferung gegenüber als sekundär erscheint, so daß in dem die Textform $\mathfrak{G}^{\mathrm{II}}$ enthaltenden Teil der Hs. 319 (3_6—6_{16} τουτου) der der altlateinischen Überlieferung noch näherstehende Text dieser Hs. dem ursprünglichen Text der Textform $\mathfrak{G}^{\mathrm{II}}$ oft näherkommen dürfte[1]). Doch ist für die Frage nach der für

c 488 535 Sy = d   15 ἐκάλεσεν] ειπεν 58 Sy = d   om Ἀδελφή 249 126 319 Sa = d La Sy 8_5 ὁ θεός] pr κυριε 71 c 311 535 Aeth Arm = d (κυριος) La^{QPGJ} Sy Aug doct 94 7 ἐλεῆσαί] ελεηθηναι c 488 Sy^{O}(vid) = d 11_{18} Ναaβᾶς] ναβας c 535 = d. Von hier aus dürfte auch in 11_4 der B-Text (B A 55 311 318 392 535 583 Sixt) mit der Lesart ὄπισθεν (b liest mit $\mathfrak{G}^{\mathrm{II}}$ übereinstimmend οπισω), gegen den Text der Rezensionen a und c (V a c 46 108 126 319 488), der mit der Textform $\mathfrak{G}^{\mathrm{III}}$ (d Sy; vgl. 𝔇 9) übereinstimmt, εμπροσθεν, als ursprünglich zu bestimmen sein.

[1]) Für die Herstellung der Textform $\mathfrak{G}^{\mathrm{II}}$ konnte darum das Ziel nur darin bestehen, ihre Gestalt, die sie als Vorlage des Codex Sinaiticus hatte, annähernd zu erreichen, das bedeutet grundsätzlich: nach der Vorarbeit von Fritzsche und Rahlfs die eigentlichen Fehler dieser Hs. zu korrigieren (vgl. S. 16 Anm. 1). Die wichtigsten Fälle, abgesehen von den beiden Textlücken 4_{7-18} und 13_{6-10} (vgl. Tob Einl. S. 33f.), sind: 3_9 μὴ ἴδοιμεν υἱόν σου] om σου S*. Die Lesart von 319 μη σοι ιδοι μη (für ιδοιμι?, vgl. La^{G}) setzt in entstellter Form den altlateinischen, auch in 𝔇 überlieferten Text voraus: numquam ex te videamus filium (mit Varianten). Das Fehlen einer pronominalen Bestimmung in S kann nur auf einem Abschreibefehler beruhen. Ob als seine Vorlage aber ein 319 La entsprechender Text (ex σου?) oder die Korrektur von S^{c} υιον σου anzunehmen ist, läßt sich nicht mehr entscheiden. Dagegen, daß der Korrektor des Codex Sinaiticus hier lediglich nach $\mathfrak{G}^{\mathrm{I}}$ korrigiert hätte, spricht die je verschiedene Wortstellung. 11_4 συνῆλθεν αὐτοῖς ὁ κύων ἐκ τῶν ὀπίσω] σ. αυτοις ο κ̅ς̅ εκ των οπισω αυτου και τον υιον αυτης S. Die offensichtliche Textverderbnis in S ist in der Verlesung von κύων (vgl. $\mathfrak{G}^{\mathrm{I}}$) in das Nomen sacrum κ̅ς̅ be-

46

die Textherstellung von $\mathfrak{G}^{\mathrm{I}}$ vorauszusetzenden Textform von $\mathfrak{G}^{\mathrm{II}}$ zu beachten, daß sich auch in der altlateinischen Überlieferung mehrfach dem Text des Codex Sinaiticus gegenüber sekundäres Gut angesammelt hat, das auch im Text der Hs. 319 nicht auszuschließen ist[1]). Das gilt wahrscheinlich auch für einen zwar kleinen Teil der Überlieferung, in der der altlateinische Text gegen S mit der Textform $\mathfrak{G}^{\mathrm{I}}$ zusammengeht — hier bedarf die These D. de Bruynes einer neuen Überprüfung, daß das Zusammengehen von La und $\mathfrak{G}^{\mathrm{I}}$ ein Kriterium des ältesten Textes sei[2]) —, sicher für die Fälle, in denen die altlateinische

---

gründet, die zu einer Ergänzung des Ausdrucks ἐκ τῶν ὀπίσω durch Nennung der dem κύριος folgenden Personen nötigte. Darum darf hier nicht mit Fritzsche und Rahlfs lediglich der von v. 5 her zu erklärende im Kontext unpassende Ausdruck τον υιον αυτης in τωβια geändert werden, sondern muß die ganze Näherbestimmung im Genitiv αυτου και τον υιον αυτης, die nach vorangehendem (συνῆλθεν) αὐτοῖς als nachherige Aufteilung nicht textgemäß erscheint, getilgt werden. Diese Textherstellung wird indirekt auch durch die altlateinische Überlieferung gestützt: *et abiit cum illis et canis*. Für absolutes ἐκ τῶν (τοῦ) ὀπίσω (ὄπισθεν) vgl. Exod 14₁₉ (מאחריהם) Reg II 10₉ (מאחר) Mac I 13₂₇ (Johannessohn S. 273 Anm. 2, S. 291). 13₁₁ ἔθνη πολλὰ μακρόθεν ἥξει σοι καὶ κάτοικοι πάντων τῶν ἐσχάτων τῆς γῆς] εθνη π. μακροθεν και κατοικιει π. τ. εσχ. τ. γης S. Der eindeutig verderbte Text von S ist am besten so zu erklären, daß der mechanische Ausfall des Ausdrucks ἥξει σοι zur Einführung eines nicht weiter in den Kontext eingepaßten Verbum finitum κατοικιει führte. ἥξει σοι ist durch die einhellige altlateinische Überlieferung gestützt: *venient tibi* (vgl. $\mathfrak{G}^{\mathrm{I}}$ ἥξει). Was die Textherstellung von και κατοικιει betrifft, ist die auch graphisch näher liegende, durch La^{M} Quodv AntMoz PsaltMoz BrevGoth ((*in*)*habitatores*) gestützte Konjektur καὶ κάτοικοι der Änderung in eine Infinitivkonstruktion κατοικειν εκ vorzuziehen, die sich auf La^{QPJ} ((*in*)*habitare*) und La^{RX} (*ad* (*in*)*habitandum*) berufen könnte. In 14₄ muß nach einhelliger lateinischer und syrischer Bezeugung (*omnes dispergentur*) die sinnlose Verschreibung in S παντων λογισθησονται in πάντες διασκορπισθήσονται korrigiert werden (vgl. $\mathfrak{G}^{\mathrm{I}}$ und 3₄ 13₅). Innergriechische Verschreibung, die in einen Teil der altlateinischen Überlieferung eingedrungen ist, ist auch οδοι S (*viae* La^{G}; *semitae* La^{W}) für ᾠδαί in 2₆. Dagegen muß trotz einer möglichen Korrektur auf altlateinischer Grundlage, im Blick darauf, daß bei der Textform $\mathfrak{G}^{\mathrm{II}}$ auch mit übersetzungstechnisch bedingten Schwierigkeiten der Formulierung gerechnet werden muß, das Fehlen eines zu erwartenden Gottesnamens in 2₂ ὃς μέμνηται ἐν ὅλῃ καρδίᾳ αὐτοῦ — das Pronomen hat im Kontext keinen Gottesnamen als Bezugswort —, und die Wiederholung des Verbum finitum ἐσμεν in 8₂₁ als Textvorlage des Codex Sinaiticus hingenommen werden. Ein Fall wie die temporale Zuordnung des Nebensatzes ὅτε ἐμεμνήμην τοῦ θεοῦ μου zum Hauptsatz ἔδωκέν μοι ὁ ὕψιστος χάριν in 1₁₂ ₁₃, wo ein kausales Verhältnis sinnvoller wäre (so La$^{\mathrm{-W}}$ (*quoniam* (*quia* X); > La^{W}), vgl. auch $\mathfrak{G}^{\mathrm{I}}$ καθότι), läßt viele Erklärungen zu und darum weder durch Änderung in οτι vereinfacht, noch durch Annahme einer sowohl kausal als temporal verwendbaren Konjunktion als Vorlage (z.B. hebräisches כאשר, aramäisches די) als Argument für die These eines Übersetzungstextes, geschweige denn für die Entscheidung für ein aramäisches, gegen ein hebräisches Original (so J. D. Thomas, The Greek Text of Tobit, JBL 91 (1972) 471) in Anspruch genommen werden.

[1]) So läßt sich die dem Charakter von $\mathfrak{G}^{\mathrm{II}}$ widersprechende und darum sekundäre Textverkürzung in 5₁₂ om καί 2°—(13) αὐτῷ La$^{\mathrm{-W}}$: cf $\mathfrak{D}$ auf den Homoioteleuton-Ausfall in 319 εἶπεν 2°⌒(13) εἶπεν zurückführen, der, da das Subjekt das gleiche bleibt, zur Tilgung der Wiederholung von και ειπεν nötigte. Weitere Beispiele einer sekundären Textstufe in 319, die sich als Vorlage einer tiefer greifenden Änderung in La erklären läßt, sind: 5₁₄ τὴν ἀλήθειαν ἐβουλόμην γνῶναι καὶ τὴν πατριάν] τ. αλ. εβ. επιγνωαι την πατριδα 319; *voluerim verum scire de genere* La (cum var): cf $\mathfrak{D}$ 3₉ μὴ ἴδοιμεν υἱόν σου] μη σοι ιδοι μη (pro ιδοιμι?) υιον 319; om σου S*; *numquam ex te videamus* (-*deam* G) *filium* La (cum var); vgl. die vorangehende Anmerkung.

[2]) Vgl. S. 16.

Überlieferung als Mitzeuge für die Textform $\mathfrak{G}^{III}$ eintritt[1]). $\mathfrak{G}^{III}$ hat als sekundäre Bearbeitung der Textformen $\mathfrak{G}^{I}$ und $\mathfrak{G}^{II}$ für die Herstellung des ursprünglichen Textes von $\mathfrak{G}^{I}$ keine Bedeutung mehr. Ihre eigene ursprüngliche Gestalt läßt sich auf Grund der sie überliefernden Zeugen 106 und 107 (mit abhängigen Minuskeln) nur noch annähernd in der Weise bestimmen, daß 106 der bessere Zeuge ist, während 107 hier wie auch in andern Büchern mehrfach den Text verkürzt. Der sekundäre Charakter dieser Textform auch in Lesarten, die aus dem Grund dem Codex Sinaiticus gegenüber als primär gewertet werden könnten, weil sie mit altlateinischer Überlieferung zusammengehen, zeigt sich am deutlichsten in dem kurzen Textteil, wo die Textform $\mathfrak{G}^{III}$ in d, die Textform $\mathfrak{G}^{II}$ neben S und La auch in 319 erhalten geblieben ist (6_{9-16} τουτου): In 6_{15} wird der auch von La überlieferte Zusatz nach ἐγώ von d in sekundärer Gestalt bezeugt: απο του πνευματος του ακαθαρτου, von 319 und La aber in der ursprünglichen, die der Diktion der Textformen $\mathfrak{G}^{I}$ und $\mathfrak{G}^{II}$ entspricht: απο του δαιμονιου τουτου (hoc daemonium La).

---

[1]) Hier können sich in der altlateinischen Überlieferung sogar Dubletten ansammeln: 9_2 παράλαβε μετὰ σεαυτοῦ] λαβε (adduc Sy) εντευθεν d Sy$^{H'}$; + hinc La^{-J} 11_{17} Τωβὶθ ἐξωμολογεῖτο ἐναντίον αὐτῶν] ηυλογει τωβιτ (-βητ 106) μεγαλη τη φωνη (+ dominum Sy) τον θεον (+ et ambulabat cum gaudio et confitebatur illis omnibus La^J La^{QPX} sim: cf app) d Sy La^{QPJX}.

3. Der Charakter der Zeugen der Textform $\mathfrak{G}^{I}$

Der Charakter der Zeugen für die Textform $\mathfrak{G}^{I}$ im Tobitbuch unterscheidet sich von demjenigen der hinsichtlich der Zeugengruppierung sonst weitgehend übereinstimmenden Bücher Est Esdr I und Idt in erster Linie darin, daß eine tiefgreifende Rezension von der Art der hexaplarischen und der lukianischen nicht nachweisbar ist, daß aber neben der diesen Büchern auch ihrem Charakter nach gemeinsamen Rezensionen *a* und *b* in Tob zwei weitere Rezensionen, *c* und *d*, überliefert sind, deren Rezensionselemente nach Quantität und nach Qualität gleicherweise geringere textverändernde Wirkung haben. Die Bestimmung des Charakters der Rezensionen und der Unzialen mit abhängigen Minuskeln, auf Grund derer durch Ausscheidung der Rezensionselemente der ursprüngliche Text annähernd wiederhergestellt werden kann, muß sich bei diesem Buch zuerst auf die Frage konzentrieren, ob und in welchem Maße seine Zeugen von der Textform $\mathfrak{G}^{II}$, sei es als Kriterium der Rezension, sei es als Glied sekundärer Tradition, beeinflußt sind.

3.1. Die Rezensionen

3.1.1. Die Rezension *a*

a = 71-74-76-130-236-314-370-402-542-762
$74'$ = 74-76

Zur Sondergruppe 74′ gehört ab 8₄ auch der Ergänzer der Hs. 370: 370ˢ. An Eigentümlichkeiten der einzelnen Hss. ist nur der auch in anderen Büchern feststellbare textverkürzende Charakter der Hs. 71 zu nennen. Von den Codices mixti erscheinen vor allem die Hss. 126 und 488 als Zeugen dieser Rezension.

Die Rezension *a* zeigt eindeutig sekundären Einfluß der Textform $\mathfrak{G}^{II}$. Diese Rezensionselemente, die oft dem allgemeinen Charakter dieser Rezension entsprechen und darum zuweilen auch zufällig mit der Textform $\mathfrak{G}^{II}$ übereinstimmen könnten, sind vor allem auf Grund ihrer Häufigkeit als bewußte Bearbeitung nach $\mathfrak{G}^{II}$ zu bestimmen:

Zusätze von Pronomina: 1₁₃ ἔδωκεν] + μοι *a* 126 488 535 Sy Sa Aeth Arm = $\mathfrak{G}^{II}$ 2₁₄ κυρίοις] + αυτου *a* (deest 71) 488 Sy Aeth = La 𝔇₂₁   5₉ πατρί] + αυτου *a* 108 126 535 583 Sy Sa Aeth = $\mathfrak{G}^{II}$ 𝔇₁₀   8₂₁ ἀποθάνω] + εγω *a* 488 535 Syᴼ Sa = $\mathfrak{G}^{II}$; *moriemur ego* Arm   10₄ γυνή] + αυτου A V *a* 126 319 Syᴼ Sa Aeth Arm = $\mathfrak{G}^{II}$ 10 ὑπαρχόντων] + αυτου *a*⁻⁷⁶ ³⁷⁰ˢ 126 Sa Arm; + αυτω

76-370^{s} Sy^{O} = 𝔊^{II}, cf 𝔇; + *eorum* Aeth Sa; vgl. auch 2 14 *τῷ μισθῷ*] + *μου* 74′ 535 Sa Aeth Arm = La^{JWX}. Weitere Zusätze: 1 7 *πάντων*] pr *και a* 46 126 488: cf. 𝔊^{II} 2 1 *ἐγενήθη*] pr *και* V *a*$^{-71}$ = La^{QPR} La^{X} sim 3 5 *ἀληθιναί*] pr *και a* 248 488 Compl Sixt = La^{QPGJX} 14 4 *ἄπελθε*] pr *και a* 126 Sy^{O} Aeth HierIon 378 = 𝔊^{II} 5 13 *Ἐγώ*] + *ειμι a* 126 535 = La 𝔇 18 11 7 *εἶπεν*] + *προς τωβιαν* (*αυτον* 236 126) *a* 126: cf 𝔊^{II} 𝔇. Als Dublette ist erklärbar: 14 12 *Ἅννα* = Sy] *η μητηρ* (*μρα* cod) *αυτου* 126 = 𝔊^{II}, cf 𝔇 14; + *η μητηρ αυτου a* 248: cf 11 5.

Gegen 𝔊^{II}: 1 7 *θυσιαστήριον*] + *κυριου* V *a* 126 488 3 6 *ἀποθανεῖν* = 𝔊^{II}] + *με* (pr 71) V *a*$^{-74'}$ 488 1 22 *Ἀχιάχ. δέ*] *και αχιαχ. δε* (> 71 126) V *a* 126 488 14 2 *ἦν*] + *τωβητ a* 13 *ἐγήρασεν*] + *τωβιας a* 126 14 *ἀπέθανεν*] + (pr Aeth) *τωβιας a* 126 Sa Aeth = Sy 12 11 init] pr *και ειπεν αυτοις* V *a* 126. Unabhängig von 𝔊^{II}: 10 13 *Ραγουήλ*] pr *τωβιας τον a* 488.

Auslassungen von Pronomina: 2 14 om *αὐτό a*$^{-74'\ 370}$ 488 Aeth = 𝔊^{II} 6 16 om *σε* 74′-370^{s} 248 126 = 𝔊^{II} om *αὐτή* A V *a*$^{-542}$ = 𝔊^{II}. Weitere Auslassungen: 4 11 om *γάρ* A V *a* 55 311 318 392 488 Sy^{-Q} Sa Arm = 𝔊^{II} 12 9 om *γάρ* B *a* 55 318 319 392 535 Sy^{O} = 𝔊^{II} 17 om *δέ a* 126 318 319 488 = 𝔊^{II} 13 14 om *ὦ a* 46 319 488 535 Sa Arm = 𝔊^{II} 𝔇 18 6 11 om *μονογενής* B *a* 46 55 108 126 318 392 535 Arm Sixt = 𝔊^{II}. So ist auch — gegen Rahlfs — 11 7 om *Τωβία* B *a* 46 55 318 392 Aeth Arm Sixt = 𝔊^{II} zu erklären. Einfluß eines sekundären Stadiums der Textform 𝔊^{II} dürfte in 11 9 om *Ἅννα* 74-130-236-314-402-762 vorliegen, wo das im Kontext unbedingt erforderte Subjekt des Satzes in 𝔊^{II} von S und Sy ausgelassen wird, und — gegen Rahlfs — in 14 3 *τοὺς ἕξ υἱοὺς τοῦ υἱοῦ αὐτοῦ*] *τους υιους αυτου* B *a* 46 55 318 319 392 Sixt: cf 𝔊^{II} (*τὸν υἱὸν αὐτοῦ*), wo der dem allgemeinen Verhältnis der beiden Textformen entgegenstehende Befund, daß 𝔊^{II} nach dieser Textherstellung den kürzeren Text bezeugt, durch die lateinische Überlieferung, die (mit 𝔇) *et septem filios eius* hinzufügt, relativiert ist[1]).

Gegen 𝔊^{II}: 12 6 om *αὐτῷ* 1° *a* 126 14 om *πασῶν a* 6 7 om *καί* 1° V *a*$^{-236}$ = La^{MC} 14 5 om *εἰς τὴν γῆν a* 126 Unabhängig von 𝔊^{II}: 8 15 om *καί* 5° B *a* 55 318 319 392 488 Sy^{O} 12 6 om *καί* 2° B *a*$^{-71}$ 55 126 319 392 Ra. Größere Auslassungen sind durch Homoioteleuton zu erklären und darum nicht auf das Rezensionsprinzip zurückzuführen: 2 12 *καί* 1° ⌒ 2° *a* 126 5 11 *ἐκ* 1° ⌒ 2° *a*$^{-542}$ 6 12 *καί* 1° ⌒ 2° *a*$^{-542}$ 535 7 8 *αὐτοῦ* 1° ⌒ 2° V *a*$^{-542}$.

Bei den Wortvarianten zeigt sich das Prinzip der Angleichung an die Textform 𝔊^{II} vor allem beim Gebrauch der Präpositionen im Compositum: Wechsel zum Simplex: 3 4 *διαρπαγήν*] *αρπαγην* A *a* 55 311 318 392 583 = 𝔊^{II} 11 13 *ἐπέπεσεν*] *επεσεν* A *a*$^{-542}$ 68 126 311 319 535 = 𝔊^{II} (in v. 9 übereinstimmend mit 107 gegen S 106) 14 10 *ἐνέπεσεν*] *επεσεν a* 126 318 392 = 𝔊^{II}. Wechsel zum Compositum: 3 4 *ἐσκορπίσμεθα*] *διεσκορπισμεθα a* 488: cf 𝔊^{II} Weitere Wechsel: 10 5 *Οὐ μέλει*] *ουαι a*$^{-74'\ 370^{s}}$ 126 = 𝔊^{II}, cf 𝔇 4 11 5 *παῖδα*] *υιον a* 126: cf 𝔊^{II}. Teilweise lateinisch mitbezeugt ist der Wechsel

---

1) Vgl. S. 82 f.

zwischen *κύριος* und *θεός*: 8₄ *κύριος*] *θεος* V *a* 108 126 488 Arm: cf La^QPJX
D^te 15 *θεόν*] *κυριον a* 126 488 = La^GRX *ὁ θεός*] pr *κυριε a*⁻¹³⁰ 126 488 Arm:
cf *d* Sy; *κυριε* 130 = La^QPJX.

Abgesehen von der Angleichung an 𝔊^II sind Wortvarianten eher selten und
aus graphischer bzw. phonetischer Ähnlichkeit oder aus Analogie zum Kontext zu erklären; allerdings begegnet auch hier ein Wechsel vom Compositum
zum Simplex: 3₁ *προσηυξάμην* (*προσευξ*. B 731): cf 𝔊^II] *ευξαμην* (*ηυξ*. 71-74′-
402 126) *a* 126 488   12₁₅ *προσευχάς*] *ευχας a* 126 (in 13₁ von 74′-370⁸ bezeugt)   4₄ *τάφῳ* = 𝔊^II] *τοπω* V *a* 488   9₆ *εὐλόγησε(ν)* (*ηυλ*. A 670 55 311 535
583): cf 𝔊^II] *ευδοκησε(ν)* (*ηυδ*. V 108 318 392) V *a*⁻²³⁶ ³¹⁴ ⁴⁰² 108 126 318
392   10₁₁ *Εὐοδώσει*: cf 𝔊^II] *ευλογησαι* (*-σει* A V 74′) A V *a* (542^txt) 126 535:
cf praec   4₁₈ *χρησίμης*] *φρονιμης a*: cf praec.

Von den Umstellungen ist die in 12₇ und 11 bezeugte schon aus dem Grund
als bewußte Angleichung an die in 𝔊^II überlieferte Vorlage zu erklären, weil
sie an beiden Stellen gleicherweise bezeugt und auch mit einem Tempuswechsel
in der Verbalform verbunden ist: 12₇ *καλὸν κρύψαι*] *κρυπτειν καλον a*⁻⁷⁴′ 126
488 535 Or c Cels III 31 Dion ad Germ^ap (Eus Hist IX 2, 654) = 𝔊^II 11 *κρύψαι
καλὸν*] *καλον κρυπτειν a*⁻⁷⁴′ ³⁷⁰⁸: cf 𝔊^II.   Von 𝔊^II her erklärbar ist auch in
6₁₃ die Versetzung des vorangestellten Subjekts in den mit *ὅτι* beginnenden
Nebensatz: *Ῥαγουήλ ὅτι* tr *a* 126 488¹). Die übrigen Umstellungen begegnen
ausnahmslos an Stellen, wo 𝔊^II keinen vergleichbaren Text bietet: 3₇ 5₃ 7₁
8₁₃ ₁₅ 10₁₃ 12₁₅ ₂₁ 14₁.

Eine Abhängigkeit von der Textform 𝔊^II auch in der Setzung des Artikels
ist aus dem Grund wahrscheinlich, weil die Übereinstimmung mit 𝔊^II in den
Fällen festzustellen ist, die mit der dieser Rezension sonst nicht eigentümlichen Tendenz der Hebraisierung erklärt werden können: Tilgung der Deter-
minierung bei folgendem Genitivattribut: 1₄ *ἐν τῇ γῇ Ἰσραήλ*] om *τῇ* (om *τῇ
γῇ* 71) V *a* 249 106 46 126 318 392 583 = 𝔊^II,   Tilgung vor Eigennamen:
1₄ *τοῦ Νεφθαλείμ*] om *τοῦ a* 98 *b c* 55 126 311 319 488 535 = 𝔊^II   5₄ *τὸν
Ῥαφαήλ*] om *τόν* B *a* 249 *d* 46 55 108 126 318 392 488 Sixt = 𝔊^II, während
die gräzisierende Artikelsetzung, die dieser Rezension eigentümlich ist²), gegen
die Textform 𝔊^II oder unabhängig von ihr durchgeführt wird: Setzung vor
Eigennamen: 1₉ *Τωβίαν*] pr *τον* V *a* 126 488   14₅ *Ἰερουσαλήμ* = 𝔊^II] pr *την*
V *a* 126, vor dem Infinitiv: 1₁₁ *μὴ φαγεῖν*] pr *του a* 249 126 311 488   3₁₅ *ζῆν*
= 𝔊^II] pr *το* 71-542-762 126 488 535   8₂₀ *μὴ ἐξελθεῖν*] pr *του a*,   Determinie-
rung bei folgendem Genitivattribut: 4₁₃ *θυγατέρων τοῦ λαοῦ σου*] pr *των* V *a* 55
311′ 318 392 = 319.

In der Syntax präpositionaler Ausdrücke sind auf 𝔊^II zurückzuführen:
1₇ *τοῖς θεραπεύουσιν εἰς Ἰερουσαλήμ* B 46 Sixt] *τ. θ. εν ιερ.* V *a* 248 125 126 311
392 488 Sa Ra. = 𝔊^II; om *εἰς* rel³),   3₂ *κρίνεις εἰς τὸν αἰῶνα*] om *εἰς a*⁻⁷¹ ²³⁶ ⁴⁰²

---

¹) Zu 14₃ vgl. S. 41 Anm. 3.

²) Vgl. Est Einl. S. 82f., TGE S. 30, TGI S. 57.

³) Vgl. S. 78.

488 = $\mathfrak{G}^{II}$ 1₁₅ περιβλεπομένη εἰς τὴν ὁδὸν τὸν παῖδα] π. την οδον δια τον υιον
a 126: cf $\mathfrak{G}^{II}$¹)   12₁₅ εἰς ἐκ τῶν ἑπτά] om ἐκ V a 126 311 318 392 Or de or
321 = $\mathfrak{G}^{II}$.

Unabhängig von $\mathfrak{G}^{II}$: 5₉ συμπορεύσεταί μοι] σ. μετ εμου a 126: cf sq   6₂ πο-
ρευόμενοι τὴν ὁδόν] π. (επορευοντο 126) εις τ. οδον V a 126   7₁₂ παρέδωκεν αὐτὴν
τῷ T. γυναῖκα] π. (εδωκεν 126) αυτην τω (> 402 319) T. εις γυναικα V a⁻³⁷⁰ 126
319 488; om γυναῖκα 370 = $\mathfrak{G}^{II}$ 10₁ ἑκάστης ἡμέρας] καθ εκαστην (> 126)
ημεραν V a 126 (Ἑκάστην δὲ ἡμέραν $\mathfrak{G}^{II}$).

Von den — sonst seltenen — Änderungen von Nominalformen geht der
Wechsel vom Plural zum Singular auf $\mathfrak{G}^{II}$ zurück: 10₁₀ τὰ ἥμισυ] το ημ. a⁻⁷¹ 98
319 535 Sy⁰ Sa Arm = $\mathfrak{G}^{II}$ (anders aber in 12₂)   12₉ ἐλεημοσύνας] -νην a 319
Sy⁰ Sa Aeth = $\mathfrak{G}^{II}$, wahrscheinlich auch die Lesart εθνει αμαρτωλω a (71
vid)⁻⁷⁴′ ³⁷⁰ˢ 248 249 46 392 488 535 Sy⁰ = La (natione peccatrice (cum var))
in 13₆ gegenüber ἔθνει ἁμαρτωλῶν in $\mathfrak{G}^I$, wo S ausfällt.

Von den grammatischen Erscheinungen beruht die der Rezension a
eigentümliche leicht attisierende Tendenz oft auf breiterer Überlieferungsgrundlage. Sie ist z. B. bei der Wiedereinführung des attischen 2. Aorists nur
im B-Text noch nicht eingedrungen²) und kann auch die textgeschichtlich
sonst unabhängigen Rezensionen a und b miteinander verbinden (10₇ απηλθον).
Doch tritt zuweilen auch a als einziger Träger der attischen (bzw. attisieren-
den) Form hervor. So ist als Variante zu der hellenistischen Form ἠδυνάσθην
in 1₁₅ zwar die attische Bildung auf -ηθ- a und b (zusammen mit V 46 126 311
319 392 488 535) gemeinsam, die ältere attische Augmentierung mit ε³) aber
der Rezension a eigentümlich (a⁻⁷¹ ⁷⁶ ⁴⁰² 488), und sind die attischen Formen
ενδεα (a⁻⁷⁴′ ³⁷⁰ 249′ 126 488)⁴) in 2₂ und μεμιασμενος (V a 46 126 488)⁵) in 2₉
direkt auf die rezensionelle Tendenz von a zurückzuführen.

Die Schreibung von οντω vor Konsonant wird an der einzigen Stelle des
Vorkommens, 5₁₇, wie in Idt⁶) nur von 762ᶜ bezeugt; es ist ein Satzende.

Von den einzelnen Zeugen der Rezension a stellt Hs. 71 auch in Tob insofern
einen Sonderfall dar, daß sie nicht nur bei den ihr zusammen mit Hs. 107⁷)
eigentümlichen Textverkürzungen, sondern auch bei andersartigen Sekundärlesarten in einem Maße mit der Textform $\mathfrak{G}^{II}$ zusammengeht, daß zufällige
Übereinstimmung kaum mehr angenommen werden kann⁸): 1₁₃ om καὶ μορφήν
71 = La⁻ᵂ PsAug hyp 1635 𝔇   10₈ init — αὐτοῦ] και ειπε ραγουηλ 71 = $\mathfrak{G}^{II}$,
cf 𝔇   12₁₁ om εἴρηκα — fin 71 = $\mathfrak{G}^{III}$ (d Sy) 𝔇   14₂ κύριον τὸν θεόν] om
κύριον (τω θεω 71) 71 Sa: cf $\mathfrak{G}^{II}$ 𝔇ᵗᵉ 4. 13₄ init] pr και 71 Aeth = $\mathfrak{G}^{II}$. 2₁₀ Ἀχιάχαρος δέ] και αχ. 71 = $\mathfrak{G}^{II}$ 5₁₄ ὡς] και 71 Aeth: cf $\mathfrak{G}^{II}$ 10₁₀ ἀναστὰς δέ] και

---

¹) Vgl. S. 70f.   ²) Vgl. Tob Einl. S. 47.
³) Vgl. TGE S. 30.
⁴) Vgl. Moeris S. 341: ὑγιᾶ, Ἀττικῶς. ὑγιῆ, Ἑλληνικῶς.
⁵) Vgl. Tob Einl. S. 48.
⁶) Vgl. TGI S. 57.   ⁷) Vgl. S. 48.
⁸) Zum analogen Problem des Verhältnisses der Hss. 71-106-107 zur altlateinischen
Überlieferung in Idt vgl. TGI S. 53f.

αν. 71 = $\mathfrak{G}^{II}$ 12 αὐτοὶ νῦν] οτι 71: cf $\mathfrak{G}^{II}$ 114 Γαβαήλῳ] γαβηλω 71: cf $\mathfrak{G}^{II}$ (S* La D 17) 26 τῆς προφητείας] του προφητου 71 Sy^K: cf $\mathfrak{G}^{II}$.

Von weiteren Einzelzeugen der Rezension a überlieferte Übereinstimmungen mit der Textform $\mathfrak{G}^{II}$ sind: 54 ὃς ἦν ἄγγελος] τον αγγελον 236 Aeth Arm = $\mathfrak{G}^{II}$ 6 ἐμπειρῷ] κατεχω 236: cf La^{-MW} (teneo), 712 om γυναῖκα 370 = $\mathfrak{G}^{II}$ 85 πᾶσαι αἱ κτίσεις] πασα η κτισις 370^8 = $\mathfrak{G}^{II}$. 84 συνεκλείσθησαν] απεκλ. 402: cf $\mathfrak{G}^{II}$ (ἀπέκλεισαν) 102 κατῄσχυνται] κατασχηνται 402: cf $\mathfrak{G}^{II}$ (κατεσχέθη). 317 δαιμόνιον] + απ αυτης 542 = $\mathfrak{G}^{II}$; + avertere eum ab ea Sa 416 ποιεῖν σε] ποιησαι 542: cf $\mathfrak{G}^{II}$ (319; deest S).

3.1.2. Die Rezension b

b = 64-98-243-248-381-728-731

Bezeugung und Charakter dieser Rezension entsprechen dem für Est, Esdr I und Idt Festgestellten. Auch hier sind Rezensionselemente öfter nur von 98-243-248-731 überliefert. Von den Codices mixti sind 126, 311 und 488 relativ stark von b beeinflußt.

Wie bei Rezension a ist das Rezensionsprinzip der Angleichung an die Textform $\mathfrak{G}^{II}$ vor allem auf Grund der Häufigkeit solcher Übereinstimmungen mit Sicherheit anzunehmen.

Das gilt für die im Ganzen eher seltenen Zusätze: 13 ἔθνει] + μου A V b c 46 535 583 Aeth Arm = $\mathfrak{G}^{II}$ 136 ψυχῇ] + υμων A V b^{-98} 249′ 46 311 583 Sa Ald Compl Sixt = $\mathfrak{G}^{II}$; + ημων 98 58 488 Aeth 815 τοὺς αἰῶνας] pr παντας A V b 249′ 108 311 319 535 583 Sy Sa Aeth Ra. = $\mathfrak{G}^{II}$ 107 νύκτας] + ολας A b 108 311 319 535 583 Aeth (sing): cf $\mathfrak{G}^{II}$ (τὴν νύκτα ὅλην) 134 ὑψοῦτε] pr και b 249′ 106 488 Sy^O Aeth = $\mathfrak{G}^{II}$ 59 πιστός] + εστι(ν) A V b c 46 311′ 488 583 = $\mathfrak{G}^{II}$ 712 αὐτοῦ] + και ηλθε(ν) προς τον πατερα αυτης V b: cf $\mathfrak{G}^{II}$ (καὶ ἦλθεν πρὸς αὐτόν) Unabhängig von $\mathfrak{G}^{II}$: 517 τοῦ ἀνθρώπου] + τουτου V b Aeth Arm Ald Compl Sixt Gegen $\mathfrak{G}^{II}$: 1310 αἰχμαλώτους] pr εκει A V 64-381-728 249′ 46 583 Ald,

und für die häufigeren Auslassungen: 514 om ἐγώ 402 b c 55 318 488 Sy$^{QH′}$ = $\mathfrak{G}^{II}$ 815 om σύ b 108 535 = $\mathfrak{G}^{II}$ 711 om ἐστιν b c 126 488 = $\mathfrak{G}^{II}$ 126 om τῶν ἔργων 98-243-248-731 Compl (non Ald) = $\mathfrak{G}^{II}$; vgl. auch 29 ἀνέλυσα θάψας καί] > 98-248 Aeth Compl; om ἀν. θάψας 243-731 (non Ald): cf $\mathfrak{G}^{II}$. Unabhängig von $\mathfrak{G}^{II}$: 51 om αὐτῷ b Sa Aeth: cf 14 1111 om λέγων b (non Compl) Gegen $\mathfrak{G}^{II}$: 816 om σου b^{-248} 34 om τοῖς ἔθνεσιν, ἐν b 1113 om τῶν ὀφθαλμῶν 236 b.

Von den Wortvarianten sind als Korrekturen nach $\mathfrak{G}^{II}$ zu bestimmen: 618 οὐκ] ουκετι b c 488 Compl (non Ald) = $\mathfrak{G}^{II}$ 87 οὐ] ουχι b = $\mathfrak{G}^{II}$ 717 χάριν] χαραν (gaudium et laetitiam Arm) b 108 318 319 535 Sa Aeth Arm = $\mathfrak{G}^{II}$ D 114 ὄπισθεν] οπισω b: cf $\mathfrak{G}^{II}$ 135 οὗ ἐὰν σκορπισθῆτε] ου διεσκορπισθημεν d Sy; ου διεσκορπισθητε V 64-381-728 392 Ald: cf $\mathfrak{G}^{II}$ (ὅπου ἂν διασκορπισθῆτε); vgl.

auch 2₉ ἀκάλυπτον] ανακαλυπτον (-των 98) b 249': cf 𝔊ᴵᴵ (ἀνακεκαλυμμένον). Die Rezensionselemente, die gegen die Textform 𝔊ᴵᴵ oder unabhängig von ihr eingeführt sind, zeigen, wie es für diese Rezension charakteristisch ist, abgesehen von wenigen Ausnahmen, wie 1₁₈ ἀπέκτεινεν 2° = 𝔊ᴵᴵ] απωλεσεν (απολ. 488) b c 55 488 535 Aeth⁻ᴿ Arm (hab Or ad Afr 43)   21 τῆς βασιλείας = 𝔊ᴵᴵ] του πατρος b, graphische oder phonetische Ähnlichkeit mit der ursprünglichen Textform: 1₅ δαμάλει] δυναμει 98-243-248-731 Compl (non Ald) (μόσχῳ 𝔊ᴵᴵ) 14 Ῥάγοις] αγροις 64-381-728 Ald (in 5₅ 64-381 Ald)   14₁₀ παγίδος = 𝔊ᴵᴵ] παντος 98-243-248-731 (non Ald Compl). Dieser Tendenz entspricht auch der mehrfache Wechsel im Gebrauch der Präpositionen beim Compositum: 4₂ ὑποδείξω = 𝔊ᴵᴵ] δειξω 98-243-248-731 Compl (non Ald)   12₁₅ εἰσπορεύονται = 𝔊ᴵᴵ] εκπ. 98-243-248-731   6₁₃ ὑποστρέψωμεν] αποστρ. b⁻²⁴⁸ (ἐπιστρ. 𝔊ᴵᴵ)   5₁₇ οἰκῶν] κατοικων A b c 535 583 (> 𝔊ᴵᴵ).

Rezensioneller Tendenz, die der Textform 𝔊ᴵᴵ näher steht, entspricht auch die fast konsequente Vereinheitlichung der Doppelüberlieferung Ἱεροσόλυμα und Ἱερουσαλήμ in 𝔊ᴵ nach der hebraisierenden Form Ἱερουσαλήμ: 1₆ 7 5₁₄ 13₉, mit einziger Ausnahme von 14¹).

Deutlicher als die Wortvarianten, wo das Rezensionsprinzip der Angleichung an 𝔊ᴵᴵ im Blick auf die ähnlich gearteten übrigen Wechsel nicht völlig gesichert ist, wird dieses Prinzip durch einen tieferen Eingriff in die Aussage bewiesen: 3₁₆₋₁₇ εἰσηκούσθη ἡ προσευχὴ ... ἐνώπιον τῆς δόξης τοῦ μεγάλου Ῥαφαήλ, καὶ ἀπεστάλη] εισ. η πρ. ... εν. τ. δ. του μεγαλου θεου, και απ. ραφαηλ (+ angelus Syᵂᵗˣᵗ) b 311 Sy Sa = 𝔊ᴵᴵ (vgl. im App. die teilweise La näher stehende ähnliche Formulierung in 542 126 488)²).

Abhängigkeit von vorgegebener Überlieferung muß wahrscheinlich auch in 13₈ ἐν Ἱεροσολύμοις] εν δικαιοσυνη b 249' 488 Aeth angenommen werden, wo S ausfällt und La einen abweichenden Text überliefert, wo aber die Lesart εν δικαιοσυνη in 311 als Dublette erscheint.

Von den Umstellungen stimmt nur die in 10₂ überlieferte mit 𝔊ᴵᴵ überein: δίδωσιν αὐτῷ tr b = 𝔊ᴵᴵ (vgl. noch 6₇ 11₁₄). In 4₁₂ ist S nicht erhalten und geht 319 mit 𝔊ᴵ zusammen, bei den übrigen ist 𝔊ᴵᴵ nicht vergleichbar.

Bei dem für b charakteristischen³) regellosen Gebrauch des Artikels ist ein bestimmter Einfluß der Textform 𝔊ᴵᴵ wahrscheinlich: mit 𝔊ᴵᴵ übereinstimmende hebraisierende Tilgung bei folgendem Genitivattribut: 1₂₁ ὁ υἱὸς αὐτοῦ] om ὁ 71 b (381*?) 46 126 488 Ald Compl Sixt = 𝔊ᴵᴵ, wiederum mit 𝔊ᴵᴵ übereinstimmende gräzisierende Setzung bei der gleichen Erscheinung: 1₂₁ υἱὸν τοῦ ἀδελφοῦ μου] pr τον A b c 583: cf 𝔊ᴵᴵ   8₆ τὸ ἀνθρώπων σπέρμα] το (> 71 243-248-731* (non 68) 126 488) των αν. σπ. 71-402 243-248-381-731 46 126 311 488 535 583 Ald Compl: cf. 𝔊ᴵᴵ (τὸ σπ. τῶν ἀν.), mit 𝔊ᴵᴵ übereinstimmende Tilgung vor Eigennamen: 3₁₇ τοῦ Τωβίτ] om τοῦ b c 55 318 392 535 583 = 𝔊ᴵᴵ (un-

---

¹) Vgl. S. 75f.
²) Vgl. S. 40f.
³) Vgl. Est Einl. S. 85f., TGE S. 32, TGI S. 59.

54

abhängig von $\mathfrak{G}^{II}$ in 7₁₂ $\tau\tilde{\omega}$ $T\omega\beta\acute{\iota}\alpha$] om $\tau\tilde{\omega}$ B 402 *b* 670 46 55 108 318 319 392 Ald Compl Sixt). Daneben stehen aber ähnliche Erscheinungen gegen $\mathfrak{G}^{II}$: 3₁₇ $T\omega\beta\acute{\iota}\alpha$ 1° = $\mathfrak{G}^{II}$] pr $\tau\omega$ *b*⁻⁷²⁸ (non 68) 311 583   1₂₁ $\mathring{A}\chi\iota\acute{\alpha}\chi\alpha\varrho\upsilon\nu$ $\tau\grave{\upsilon}\nu$ $\mathring{A}\nu\alpha\acute{\eta}\lambda$: cf $\mathfrak{G}^{II}$] om $\tau\acute{\upsilon}\nu$ *b* 125   14₁₀ $\varepsilon\mathring{\iota}\varsigma$ $\tau\grave{\upsilon}$ $\sigma\varkappa\acute{\upsilon}\tau\upsilon\varsigma$ = $\mathfrak{G}^{II}$] om $\tau\acute{\upsilon}$ A V *b*⁻²⁴⁸ ³⁸¹ *c* 55 318 392 488 583.

Auch bei der Syntax der Verbalformen ist die Angleichung an $\mathfrak{G}^{II}$ zwar festzustellen, aber nicht als konsequentes Prinzip. Mit $\mathfrak{G}^{II}$: 2₂ $B\acute{\alpha}\delta\iota\sigma\upsilon\nu$] $\beta\alpha\delta\iota\zeta\varepsilon$ *b* *c* = $\mathfrak{G}^{II}$ 3₈ $\varepsilon\mathring{\iota}\pi\alpha\nu$] $\varepsilon\iota\pi\varepsilon\nu$ A *b*⁻²⁴⁸ 311: cf $\mathfrak{G}^{II}$.   Gegen $\mathfrak{G}^{II}$: 1₁₉ $\vartheta\acute{\alpha}\pi\tau\omega$ = $\mathfrak{G}^{II}$] $\varepsilon\vartheta\alpha\pi\tau\upsilon\nu$ A *b* *c* 488 535   6₁₈ $\mathring{\varepsilon}\varkappa\upsilon\lambda\lambda\acute{\eta}\vartheta\eta$ = $\mathfrak{G}^{II}$] $\varepsilon\varkappa\varepsilon\varkappa\upsilon\lambda\lambda\eta\tau\upsilon$ ($\varepsilon\varkappa\upsilon\lambda\lambda$. 108 488; $\varkappa\varepsilon\varkappa\upsilon\lambda\lambda$. A) A *b* *c* 108 311' 318 319 488 535 583   13₁₀ $\varepsilon\mathring{\upsilon}\varphi\varrho\acute{\alpha}\nu\alpha\iota$ = $\mathfrak{G}^{II}$] $-\nu\eta$ A *b*. Die sekundäre Übereinstimmung mit S in 12₁₉ $\mathring{\varepsilon}\vartheta\varepsilon\omega\varrho\varepsilon\mathring{\iota}\tau\varepsilon$ = La] $\vartheta\varepsilon\omega\varrho\varepsilon\iota\tau\varepsilon$ 71-762 98-243-248-731 249 Sa (vid) Compl (non Ald) = S ist auch graphisch (Unzialfehler E Θ und Haplographie) erklärbar.

Von den grammatischen Erscheinungen ist die in Esdr I und Idt[1]) festgestellte sporadische Einführung von Reflexivpronomina und die Ersetzung der Partikel $\mathring{\varepsilon}\acute{\alpha}\nu$ durch $\alpha\nu$ in Relativsätzen[2]) in Tob nicht zu erkennen[3]). Dagegen ist, ähnlich wie bei *a*, die gewöhnlich in breitere Überlieferung eingedrungene attisierende Tendenz hie und da auf die Bezeugung von *b* beschränkt: 10₁₃ $\varkappa\alpha\tau\varepsilon\upsilon\lambda\acute{\upsilon}\gamma\varepsilon\iota$] $\varkappa\alpha\tau\eta\upsilon\lambda$. *b* 670 55 311 318 392 535[4]) 7₃ $\varepsilon\mathring{\iota}\pi\alpha\nu$ ($-\pi\varepsilon\nu$ A 64-381-728 319 Ald) = $\mathfrak{G}^{II}$ (S)] $\varepsilon\iota\pi\upsilon\nu$ 98-243-248-731 46 126[5]). Eine späte Wortbildung liegt vielleicht in 1₁₅ $\mathring{\eta}\varkappa\alpha\tau\alpha\sigma\tau\acute{\alpha}\tau\eta\sigma\alpha\nu$] $\eta\varkappa\alpha\tau\varepsilon\sigma\tau\eta\sigma\alpha\nu$ 314-402 98-243-248-731 318 vor[6]).

Selten überliefern Einzelzeugen der Rezension *b* Lesarten, die mit der Textform $\mathfrak{G}^{II}$ übereinstimmen oder sich ihr nähern: 6₈ $(\delta\varepsilon\mathring{\iota})$ $\varkappa\alpha\pi\nu\acute{\iota}\sigma\alpha\iota$ $(\delta\varepsilon)$ $\varkappa\alpha\pi\nu\iota\sigma\upsilon\nu$ 98 = $\mathfrak{G}^{II}$ 11₁₇ $\nu\acute{\upsilon}\mu\varphi\eta$] $\gamma\upsilon\nu\alpha\iota\varkappa\iota$ 98* = $\mathfrak{G}^{II}$ 12₁ $\mu\iota\sigma\vartheta\acute{\upsilon}\nu$] pr $\delta\omega\sigma\varepsilon\iota\varsigma$ 248; + *dare* Sa = $\mathfrak{G}^{II}$ ($\delta\upsilon\tilde{\upsilon}\nu\alpha\iota$ $\tau\grave{\upsilon}\nu$ $\mu\iota\sigma\vartheta\acute{\upsilon}\nu$); pr $\upsilon\varrho\iota\sigma\alpha\iota$ 535.

3.1.3. Die Rezension *c*

c = 58-249-670   249' = 249-670

Trotz der geringen Bezeugung — von den Codices mixti tritt sehr häufig 488 hinzu — hat diese Hss.-Gruppe deutlich den Charakter einer Rezension. Auch ihr Hauptmerkmal ist eine ziemlich tiefgreifende Angleichung an die Textform $\mathfrak{G}^{II}$. Nach diesem Kriterium dürfen auch Lesarten, die nur von einem der drei Zeugen überliefert sind, nicht als Sonderlesart, sondern als Rezensionselement bestimmt werden.

Zusätze treten fast nur als Angleichung an $\mathfrak{G}^{II}$ auf: 9₅ $\pi\varrho\upsilon(\sigma)\acute{\eta}\nu\varepsilon\gamma\varkappa\varepsilon\nu$] $\pi\varrho\upsilon\sigma\eta\nu\varepsilon\gamma\varkappa\varepsilon\nu$ $\alpha\upsilon\tau\omega$ *c* Sa Arm: cf $\mathfrak{G}^{II}$ 13₅ $\mathring{\varepsilon}\lambda\varepsilon\acute{\eta}\sigma\varepsilon\iota$] + $\eta\mu\alpha\varsigma$ *c* *d* 488 Sy Sa Aeth

---

[1]) Vgl. TGE S. 32, TGI S. 59f.   [2]) Vgl. TGE S. 32.
[3]) Vgl. Tob Einl. S. 43.   [4]) Vgl. Tob Einl. S. 46.
[5]) Vgl. Tob Einl. S. 47.   [6]) Vgl. Tob Einl. S. 50.

Arm: cf 𝔊^{II} 𝔇   48 ἐλεημοσύνην 1°] + εαν πολυ σοι υπαρχη κατα το πολυ εξ
αυτων ποιησον ελεημοσυνην 249: cf 𝔊^{II} (319 La (deest S))   59 εὕρηκα] + ανθρωπον 402 249 d 108 488 583 = 𝔊^{II}   83 ἀνώτατα] + μερη 58 = 𝔊^{II}.

Auch bei den Auslassungen sind die mit 𝔊^{II} übereinstimmenden charak-
teristischer; doch treten sie auch, abgesehen von mehreren Homoioteleuton-
Ausfällen, die nicht als Rezensionselemente gewertet werden dürfen (z.B.
35 6 11 517 75 1117 145), zuweilen gegen 𝔊^{II} auf.   Mit 𝔊^{II}: 614 om ἐγώ c = 𝔊^{II}
1218 om ἡμῶν 990 c 319 Sa = 𝔊^{II}, cf 𝔇   75 om Καί 58-249 126 746 = 𝔊^{II}
17 om πάντων τῶν γενημάτων 58 = 𝔊^{II}   9 om Ἄνναν c 610 Aeth Arm^{te} = 𝔊^{II}
29 om μεμιαμμένος 58: cf 𝔊^{II}   717 om καὶ τῆς γῆς c 488 = 𝔊^{II} 𝔇20   1111 om
τοῦ πατρός 2° 236 c 55 311 392 488 583: cf 𝔊^{II}.   Gegen 𝔊^{II}: 1318 om αὐτῆς
c 488   118 φεύγων = 𝔊^{II}] > c 488   21 τῆς βασιλείας = 𝔊^{II}] > c Sy^{vc} 1415
ἐπὶ Νινευή = 𝔊^{II}] > c 488.

Ähnlich ist das Verhältnis bei den Wortvarianten, wo einmal eine Angleichung an 𝔊^{II} als Marginalnote zu Hs. 58 auftritt: 618 ἐφίλησεν] ηγαπησεν
58^{mg} = 𝔊^{II}.   Mit 𝔊^{II}: 518 Ἔκλαυσεν δέ] και εκλ. 249' = 𝔊^{II}   75 οἱ δέ] και
58 = 𝔊^{II}   1412 ἀπῆλθεν δέ] και απ. c 488 = 𝔊^{II}   1415 πρὸ τοῦ] πριν c 488 = 𝔊^{II},
cf praec   16 πλεονάκις] πολλακις c = 𝔊^{II}   17 γένους] εθνους c 583 = 𝔊^{II}
615 μόνος] μονογενης c = 𝔊^{II}   1012 ἐφίλησεν] κατεφιλησεν 58 = 𝔊^{II}.   Gegen
𝔊^{II}: 14 θυσιάζειν] αγιαζειν c 488: cf sq   413 παιδίον = 319 (deest S)] τεκνον c
132 ἐκφεύξεται] φευξεται c 488 583   4 κύριος] χς ο θεος 249' 488 (interpretatio
christiana)   6 κύριον] θεον 249' 488 583 Sy = La^J.   Unabhängig von 𝔊^{II}:
1312 ἀγαπῶντές] ευλογουντες 249' 488: cf praec.

Zwei Umstellungen nähern sich der Textform 𝔊^{II}: 511 add ει post φυλῆς
c 46 488 Sy^{FLbc} et om σὺ εἶ c 488 = 𝔊^{II}   20 ζῆν post κυρίον tr c 46 Sy^{Oa} =
La^{-W} (La^X lib).

Änderungen in der Setzung des Artikels sind selten und nur bei einhelliger Bezeugung durch die c-Hss. für die Bestimmung der Rezension zu ver-
werten: Tilgung mit 𝔊^{II} hebraisierend: 14 πασῶν τῶν φυλῶν Ἰσραήλ] om τῶν
c 319 488 535 = 𝔊^{II}, Setzung gegen 𝔊^{II}: 68 ἀνθρώπου] pr τον c 488 535.

Ein besonderes Merkmal dieser Rezension sind die häufigen Änderungen
von Verbalformen in Tempus, Modus und Genus. Auch hier überwiegen die
Angleichungen an 𝔊^{II}: 116 ἐποίουν] εποιησα c Or ad Afr 43 = 𝔊^{II}   142 ἐποίει]
εποιησεν 249' 46 392 488 = 𝔊^{II}   210 ἐστίν] ην c 319: cf La   66 ὤδευον] ωδευσαν
c d 55 108 535 583: cf 𝔊^{II} (ἐπορεύθησαν)   1110 ἐξήρχετο] εξηλθε 58 311
= 𝔊^{II}   1011 Εὐοδώσει] -σαι 542^{mg} 249' 488 = 𝔊^{II}   313 ἀπολῦσαί] απολυθηναι
(-ληναι 670) c = 𝔊^{II}.   Gegen 𝔊^{II}: 25 ἐλουσάμην = 𝔊^{II}] ελουομην c 488   316 εἰσηκούσθη ἡ προσευχή = 𝔊^{II}] εισηκουσεν (+ κυριος A) της προσευχης A c 488.   Unabhängig von 𝔊^{II}: 415 μὴ πίῃς] μη πινε c 488   711 στήσητε] στητε V c 46
488.

Die grammatischen Erscheinungen sind in c zu wenig konsequent und
zu wenig einheitlich überliefert, als daß sie sich mit Sicherheit als Rezensionselemente bestimmen ließen. Abgesehen von der einmaligen Änderung von ἐάν

nach Relativpronomen in αν in 4₁₄ ἐάν 1°] αν c 488 = 319 (deest S) (auf breiterer Überlieferungsgrundlage in 7₁₁) und dem Überwiegen der augmentierten Form beim temporalen Augment (vgl. Tob Einl. S. 46: 4₁₂ 7₇ 11₁₇; dagegen 8₁₆) handelt es sich meist um sekundäre, spätere Formen der hellenistischen Sprache. Davon stimmt der dorische Genitiv τωβια 402 98 c d 46 126 311 319 535 583 in 1₂₀ mit 𝔊ᴵᴵ überein[1]). Vgl. noch 6₃ ἐβουλήθη] ηβ. 71 98 c 46 311 318 488 535[2]) und 6₁₃ ὀφειλήσει] -λεσει B A? c 55 108 392 535 Ra[3]).

3.1.4. Die Rezension d

d = 106-107 in 1₁—6₈ 13₁—14₁₅

Diese Zeugengruppe überliefert in den Teilen, in denen sie nicht die Textform 𝔊ᴵᴵᴵ enthält, einen Text der Textform 𝔊ᴵ, der ähnlich wie die Rezensionen a b und c an einigen Stellen nach der Textform 𝔊ᴵᴵ überarbeitet ist. Wie weit diese Rezensionselemente mit der der Textform 𝔊ᴵᴵ und innerhalb davon oft der altlateinischen Überlieferung näher stehenden, in diesen Teilen nicht mehr erhaltenen Textform 𝔊ᴵᴵᴵ übereinstimmten, läßt sich nicht mehr entscheiden. Am ehesten sprechen für diese Möglichkeit eine Satzänderung an der ersten Nahtstelle, die, entsprechend dem Charakter der Textform 𝔊ᴵᴵᴵ, in freier Formulierung der Textform 𝔊ᴵᴵ näher steht als 𝔊ᴵ: 6₈ δεῖ — fin] θυμιασεις εμπροσθεν αυτου και (> 44) φευξεται απ αυτου d: cf 𝔊ᴵᴵ, und zwei Zusätze in der Nähe der zweiten Nahtstelle, die der altlateinischen Gestalt der Textform 𝔊ᴵᴵ näher stehen als dem Codex Sinaiticus: 13₁ καὶ ἡ βασιλεία αὐτοῦ = 𝔊ᴵᴵ οτι εις παντας τους αιωνας η β. αυτου d = La (quoniam in omnia saecula regnum est illius (cum var) La⁻ᴿ BrevGoth 393: cf D) 2 ἀνάγει] αυτος (> 107) αναγει εκ της απωλειας (om εκ τ. απ. 107) εν τη μεγαλωσυνη αυτου d = La (ipse (> Q P R) reducit (revocat X) a perditione maiestate sua (cum var)), cf S (αὐτὸς ἀνάγει ἐκ τῆς ἀπωλείας τῆς μεγάλης).

Weitere Zusätze nach 𝔊ᴵᴵ: 5₉ εἶπεν 2°] + αυτω 106 Syᴴ' Aeth Arm = 𝔊ᴵᴵ 13₇ τὸν θεόν] pr εγω d = La (deest S) 3₁₇ τοῦ Τωβίτ] pr οφθαλμους d (107ᶜ): cf 𝔊ᴵᴵ. Unabhängig von 𝔊ᴵᴵ: 14₁₁ ῥύεται] + εκ θανατου (+ τον ανθρωπον 71 107ᶜ) 71-542 d 46 126. Die Auslassungen sind wegen des allgemeinen textverkürzenden Charakters vor allem der Hs. 107[4]) für die Bestimmung der Rezension von geringerer Bedeutung; es lassen sich aber auch hier Gemeinsamkeiten mit 𝔊ᴵᴵ feststellen, die kaum zufällig sind: 1₁₈ om ὁ βασιλεύς 107 = 𝔊ᴵᴵ om καί 2° — fin 107 = Laᴳᴹᴿᴶ Laˣ sim Lucif parc 226 D 2₈ om πάλιν d = 910 Laᴶ 13₅ om καί 1° d 46 319 535 Syᴼ = 𝔊ᴵᴵ 14₈ om ὅτι — fin 107: cf 𝔊ᴵᴵ. Gegen 𝔊ᴵᴵ: 6₄ om

---

[1]) Vgl. Tob Einl. S. 44. [2]) Vgl. Tob Einl. S. 46.
[3]) Vgl. Tob Einl. S. 48. [4]) Vgl. S. 48, 52f.

αὐτόν d (hab αυτο 125) 126   3₁₇ om τῷ υἱῷ Τωβίτ d 126   13₄ om ἐκεῖ d 583
Sa Arm: cf D   14₄ om ἐν τῇ γῇ 71 d 311 535 583 Sa Arm   13₆ om μου d om
ἁμαρτωλοί d 126 583 (gegen La, S fällt aus).   Unabhängig von 𝔊ᴵᴵ: 1₁₃ om
αὐτοῦ d.

Deutlich zeigen die Wortvarianten das Rezensionsprinzip, wo fast alle
bedeutsameren Änderungen von 𝔊ᴵᴵ her zu erklären sind: Unter den Eigennamen wird Ἱεροσόλυμα dreimal 𝔊ᴵᴵ entsprechend hebraisiert: 14 6 14₄¹), wird
in 5₆ παρὰ Γαβαὴλ τὸν ἀδελφόν] π. γαβαηλω τω αδελφω 71 d der Name sowohl in
der Gräzisierung als auch im Casus 𝔊ᴵᴵ angepaßt, und wird in 1₂₁ Σαχερδονός]
σαρχεδων d eine Namensform bezeugt, die in der Lautfolge ϱ — χ mit La, in
2₁ auch mit S zusammengeht, und die schon aus dem Grund nicht als Verschreibung abgetan werden darf, weil sie in dieser Hinsicht der hebräischen
Form des Namens entspricht: Reg IV 19₃₇ אסר־חדן²). Von den Appellativa
sind als Angleichung an 𝔊ᴵᴵ zu erklären: 5₉ ὁ δέ] καί 107 Arm = 𝔊ᴵᴵ   13 ὁ δέ]
καί A d = 𝔊ᴵᴵ   13 συμπορευθεῖσι(ν)] πορευθεισι d = 𝔊ᴵᴵ   2₁₂ ἀπέδωκαν]
εδωκαν d: cf 𝔊ᴵᴵ   16 γενημάτων] πρωτογενηματων d: cf 𝔊ᴵᴵ   15 ἠκαταστάτησαν]
ουκ απεστησαν d: cf 𝔊ᴵᴵ   3₈ ἀποπνίγουσά] αποκτενουσα d: cf 𝔊ᴵᴵ   14 ἁμαρτίας]
ακαθαρσιας d 583 Sy Sa = 𝔊ᴵᴵ   4₄ ἑώρακεν = S] υπεμεινεν d: cf LaQᴾᴶD
(passa sit (est J)).

Von 𝔊ᴵᴵ her sind auch die Änderungen des präpositionalen Ausdrucks in
3₆ τὸ ἀρεστὸν ἐνώπιόν σου] το αρ. σου B d 535 Sy (vid) = 𝔊ᴵᴵ, 14₁₂ εἰς Ἐκβάτανα]
εν εκβατανοις d = 𝔊ᴵᴵ³), und die Umformulierung der Negation in 3₁₃ μὴ
ἀκοῦσαί με μηκέτι: cf 𝔊ᴵᴵ] μηκετι ακουσαι d: cf 319 (μηκετι ακουειν) La⁻ᴳᵂ (om
μηκέτι) zu erklären.

Auf von 𝔊ᴵᴵ unabhängiger vorgegebener Tradition — 𝔊ᴵᴵᴵ? — dürfte die an
die Überlieferung von Deut 32₈ erinnernde Änderung des Begriffs οἱ υἱοί
Ἰσραήλ in οι υιοι θεου d in 13₃ beruhen.

Änderungen in der Setzung des Artikels sind selten und nicht als Rezensionselement bestimmbar: 1₁₄ τὴν Μηδίαν] om τήν 71 107 126 = 𝔊ᴵᴵ: cf 15
15 ὁ υἱὸς αὐτοῦ] om ὁ 71 106 126 488 535 = 𝔊ᴵᴵ   4₆ τὴν δικαιοσύνην] om τήν
d = 𝔊ᴵᴵ   11 ἐλεημοσύνη = 319 (deest S)] pr η d.

Auch grammatische Besonderheiten sind selten und weisen eher auf ein
späteres Sprachstadium, z.B. die Einführung des passiven Futur beim Depo-
nens συμπορεύεσθαι in 5₂₂ συμπορεύσεται] -πορευθησεται d und die anderwärts
nicht bezeugten Wortbildungen 4₁₃ ἀχρειότητι] αχρηστοτητι d   2₃ ἐστραγγαλω-
μένος] ενστραγγαλισμενος d   8₇ συγκαταγηρᾶσαι] συγκαταργη!σαι d.

---

¹) Zu b vgl. S. 54.
²) Vgl. S. 73 Anm. 5.
³) Obwohl die mit diesem Rezensionselement bewirkte Verbindung der Präposition
ἐν mit dem intransitiven Verbum der Bewegung ἀπέρχεσθαι in der Textform 𝔊ᴵ in 5₅
(πορευθῆναι ... ἐν Ῥάγοις) eine Analogie hat (vgl. S. 78 mit Anm. 3), ist die reguläre Verbindung mit οἰκεῖν an dieser Stelle in 𝔊ᴵᴵ ein Indiz dafür, daß es sich in d um eine rezensionelle Angleichung an die Textform 𝔊ᴵᴵ handelt.

3.2. Die Unzialen mit abhängigen Minuskeln und Übersetzungen

Die drei Unzialen, welche die Textform 𝔊ᴵ überliefern, B, A und V, erscheinen, wie die Darstellung der vier Rezensionen dieser Textform gezeigt hat, mehrfach auch als Träger ihrer Rezensionselemente. Dabei ist V am häufigsten Mitzeuge der Rezension *a*, A Mitzeuge der Rezension *b*, während die Rezensionen *c* und *d* von den Unzialen seltener mitbezeugt werden. Doch tritt auch B zuweilen als Zeuge aller vier Rezensionen auf. Schon auf Grund dieser Zuordnung zu den Rezensionen, deren deutlichstes Rezensionsprinzip in der Angleichung an die Textform 𝔊ᴵᴵ besteht, ist es nicht wahrscheinlich, daß der Text der Unzialen und der von ihnen abhängigen Minuskeln, dort wo er nicht von Handschriften der vier Rezensionen begleitet wird, von Einflüssen der Textform 𝔊ᴵᴵ völlig frei ist. Doch bedürfen die nur von den Unzialen und den ihnen nahe stehenden Minuskeln bezeugten Lesarten, als von den Rezensionen relativ freie Überlieferung, im Blick auf die Frage nach dem ursprünglichen Text der Textform 𝔊ᴵ einer besonderen Betrachtung.

1. Der B-Text wird oft von Codices mixti begleitet. Von diesen gehört wie in Esdr I und Idt Hs. 55 zu den treuen Zeugen, daneben vor allem 46 und 319. Von den Sekundärübersetzungen tritt noch häufiger als die äthiopische, die auch in Esdr I und Idt dem B-Text nahe steht, Sy (bzw. Syᵒ) für diesen Text ein; mehrfach auch Sa.

Der B-Text ist auch in Tob der beste Zeuge des ursprünglichen Textes. Die Zahl seiner Sekundärlesarten ist relativ gering. Doch lassen sich einige von ihnen kaum anders als durch rezensionellen Einfluß aus der Textform 𝔊ᴵᴵ erklären.

Ob auch die B-Sonderlesarten diesen Einfluß kennen, ist nicht völlig sicher. Zwar stimmt die Auslassung in 14₅ om εἰς 2° ⌒οἰκοδομῇ B* (non 122) Sixt mit 𝔊ᴵᴵ überein, doch ist sie eher auf Homoiarcton (οικοδομ 1° ⌒2°) zurückzuführen[1]).

Eindeutig aber ist der Einfluß der Textform 𝔊ᴵᴵ bei von weiteren Zeugen begleiteten Varianten des B-Textes. Das zeigt am deutlichsten die mit 𝔊ᴵᴵ übereinstimmende Auslassung des Subjekts Ῥαγουήλ durch B A V 46 55 318 319 392 Armᵃᵖ in 7₂, das in 𝔊ᴵᴵ zwar entbehrlich ist, da der vorangehende Kontext das gleiche Subjekt voraussetzt, nicht aber in 𝔊ᴵ, wo das Subjekt des vorangehenden Satzes Σάρρα ist. In diesem Zusammenhang geht aber die mit der Textform 𝔊ᴵ nicht harmonisierte Angleichung an 𝔊ᴵᴵ im B-Text durch den Subjektswechsel vom Plural zum Singular, das bedeutet von Tobias und Raphael zu Tobias, in 7₁ (ηλθεν B 670 319* Sixt, παρεγενετο B 542-762 126 Sixt, αυτω B 55 108 318 319 392 535 Sy Sixt (für αὐτοῖς), αυτον B 55 108 311′ 318 319 392 535 Syᵃ Sixt (für αὐτούς)) noch weiter: Der Singular ist nur in 𝔊ᴵᴵ

---

[1]) Vgl. den Homoioteleuton-Ausfall in 7₄ οἱ⌒(₅) οἱ B. Zu 13₁₁ αγαλλιαμα B Sixt s. S. 91.

sinnvoll, weil dort durch das Gespräch zwischen Tobias und dem Engel schon geklärt ist, daß es um zwei Personen geht, er müßte aber in 𝔊^I so verstanden werden, wie wenn Tobias allein wäre. Ähnlich ändert der B-Text (B 319 535 Sy^O Sa Aeth^{-FNR} Sixt) der Textform 𝔊^{II} entsprechend in 10₁, wo Tobit die Rückkehr der beiden erwartet, den Plural ἤρχοντο in den Singular ἤρχετο, der in 𝔊^{II} durch die Nennung des Subjekts definiert ist (ὁ υἱὸς αὐτοῦ οὐ παρῆν). Darum muß auch in 14₁₁ der vom B-Text (B A 46 55 311 319 Sy^O Sa^A Sixt) bezeugte Plural der Anrede, παιδια (-διον 55) ιδετε (οιδατε 46), an Stelle des Singulars bei den übrigen Zeugen, παιδίον, ἴδε, — gegen Rahlfs — als sekundäre Angleichung an die Textform 𝔊^{II} gewertet werden. Während die Rede Tobits in 𝔊^{II} teilweise an den Sohn Tobias (3ff. 9b 10), teilweise an die gesamte Nachkommenschaft gerichtet ist (8 11), erscheint sie in 𝔊^I, wahrscheinlich als ursprüngliche Vereinheitlichung der Vorlage 𝔊^{II}, nur an Tobias gerichtet. Dementsprechend wird unmittelbar anschließend die Bestattung Tobits in 𝔊^I Tobias zugeschrieben (ἔθαψεν αὐτόν (εθαψαν lesen die vier Rezensionen)), in 𝔊^{II} aber der ganzen Familie (ἔθηκαν αὐτὸν ἐπὶ τὴν κλίνην).

Als nicht in den Kontext eingepaßte Übernahme aus der Textform 𝔊^{II} dürfte auch in 12₂₂ die Ersetzung des Ausdrucks τοῦ θεοῦ καί durch αυτου (αυτου και Sy^O) im B-Text (B 46 Sy^O Sa Sixt) zu erklären sein: Das Pronomen ist in 𝔊^{II} sinnvoll, da zuvor von Gott die Rede war, auf den es sich nur beziehen kann, in 𝔊^I sinnlos, da es sich auf den Engel beziehen müßte.

Als Angleichung an die Textform 𝔊^{II} muß auch — gegen Rahlfs — die vom B-Text überlieferte Zeitbestimmung im Akkusativ (οὐκ ἐπανελεύσεται) τον αιωνα του αιωνος B 46 55 108 318 392* 535 gegenüber der präpositionalen Formulierung εἰς τὸν αἰῶνα τοῦ αἰῶνος bei den übrigen Zeugen in 6₁₈ gewertet werden. Die in 𝔊^{II} überlieferte Formulierung im Akkusativ, τὸν πάντα αἰῶνα, die in dieser einfachen Form ohne Genitivattribut in der älteren Überlieferung der LXX ihre Analogien hat und dort als semitisierende Wiedergabe der präpositionslosen Zeitbestimmung עלם oder עד erklärt werden muß[1]), ist zwar, wie 3₂ σὺ κρίνεις τὸν αἰῶνα und 14₇ οἰκήσουσιν τὸν αἰῶνα beweisen[2]), der Textform 𝔊^{II} eigentümlich, nicht aber der stärker gräzisierenden Textform 𝔊^I.

Weitere Übereinstimmungen mit der Textform 𝔊^{II} oder Annäherungen an sie, die weniger beweiskräftig sind und zum Teil auch zufällig sein mögen, sind: der Zusatz des Pronomens in 12₆ ἐξομολογεῖσθε 2°] + αυτω B 542 46 319 535 Aeth Sixt: cf 𝔊^{II} 𝔇[3]), die Tilgung von καί in 14₁₅ om καί 3° B 319 Ra. = 𝔊^{II}, die Ersetzung des präpositionalen Ausdrucks mit ἐν durch instrumentalen Dativ in 13₁₀ οἰκοδομηθῇ ἐν σοί] om ἐν B 319 Sa Ra. = 𝔊^{II} und

---

[1]) Vgl. z.B. Ies 57₁₅, ohne Grundlage in 𝔐 Exod 15₁₈; gräzisierend wird in Ps 65(66)₇ 44(45)₇ 88(89)₂ übersetzt.

[2]) Ausgeschlossen ist das Verständnis als Akkusativobjekt; vgl. S. 36f.

[3]) Vgl. auch den mit 319 La und 𝔇 übereinstimmenden Zusatz von και in 4₇ μή 2°] pr και B 46 Sy^{bc} Aeth Arm, wo S ausfällt, und die Tilgung von με in 3₃ (B 108 Sy^{CQV}) = La-^{W} 𝔇.

16 οἰκοδομηθήσεται ... ἐν χρυσίῳ] om ἐν B V 46 55 318 392 = 𝔊ᴵᴵ, vgl. die Ersetzung des Genitivs δικαιοσύνης durch den Dativ δικαιοσυνη B 319 in 1₃, der
dem Ausdruck ἐν δικαιοσύναις in 𝔊ᴵᴵ entspricht, die Tilgung des Artikels in
1₁₇ τὰ ἱμάτια] om τά B 46 319 Or ad Afr 43 Sixt = 𝔊ᴵᴵ und 12₂₂ ὁ ἄγγελος κυρίου
(ϑεου 319)] om ὁ B 55 318 319 392 = 𝔊ᴵᴵ (ἄγγ. ϑεοῦ), den Wechsel in der Verbalform in 13₁₅ εὐλογείτω] ευλογει B 46 319 Sa = 𝔊ᴵᴵ 𝔇₁₉ und in der Wortbildung
2₃, wo die Form εστραγγαλημενος Bᶜ A 55 319 583 (vid) wie in 𝔊ᴵᴵ (ἐστραγγάλη-
ται) gegen 𝔊ᴵ (ἐστραγγαλωμένος) die Bildung στραγγαλάω voraussetzt¹).

Von 𝔊ᴵᴵ unabhängige Sonderlesarten von B, bzw. Sekundärlesarten des
B-Textes sind²):

Zusätze: 9₂ ἄγε] + μοι B Sixt   7₁ Σάρρα δέ] και γαρ 319; pr και B Sixt
1₂₂ Σαχερδονός] + υιος B (non 122) 249′ 106 46 319 Sy.

Auslassungen: 7₁₀ om σοι 2° B   2₁ om καί 3° B   11₈ om οὖν B Sixt
13₆ εἰ] η B* 314; > Bᶜ-122   4₅ om ἁμαρτάνειν καί B* (om καί 122 488) = Cypr
test 82 op 68   3₃ om με B 108 Syᶜ𝒬ⱽ = La⁻ᵂ 𝔇   10₈ om αὐτοῦ B 46 319
Sixt   12₂ om αὐτῷ 1° B 46 Syᴼ Sixt: cf La 𝔊ᴵᴵᴵ   14₁₁ om τί 2° B 46 319 Saᶜ
(vid) Sixt   1₁₄ om καί 1° B 55 318 Arm   4₅ om καί 1° B 55 126 Syᴼᵃ = Laᵂ
4₁₄ om καί 1° B Sy Sa Armᵗᵉ   7₁₀ om καί 3° B 108 319 535 Arm Sixt   11₆ om
καί 2° B 126   14₆ om καί 2° B 670 319   8₁₅ om καθαρᾷ καὶ ἁγίᾳ B* (non 122)
319 Sa: homoiot   10₉ Οὐχί, ἀλλά] > 46 126 Sixt; om Οὐχί B* (non 122); om
ἀλλά B 236   12₁₈ om ἦλθον B 990 Sa.

Wortvarianten: 1₁₅ Σενναχηρείμ] αχηρειλ B   18 Σενναχηρείμ] αχηρεια B
(αχιρηλ 319)   11₁ αὐτούς] αυτον B* (non 122)?   16 πρωτοκουρίας] προκουριας B
13₆ στόματι] σωματι B .   1₂₀ Τωβίου] τωβιτ (-βειτ B; -βητ V*) B V 11₁₆ Τωβίτ]
τωβ(ε)ιας B* 319   17 Τωβίτ 1°] τωβ(ε)ιας B 46 319 535 Syᴼ: cf Laˣ   1₂₁ Ἀρα-
ράτ] αραραϑ B 319 Ald Sixt: cf Reg IV 19₃₇   14₁₅ Ἀσούηρος] ασυηρος B 55 318
Sa Sixt Ra.   12₆ Τότε] και B 46   21 οὐκέτι] ουκ B 46 55 318 Syᴼ: cf La𝒬ᴾᴶˣ
4₁₂ οὗτοι] αυτοι B 392 Sixt   19 ὄν] ο B 669   8₇ ταύτῃ] αυτη B 108 Sixt; μετ
αυτης 126; αυτην 46   11₆ σου] μου B Aeth Sixt = 107   12₁₈ ἡμῶν] υμων B A
318 392* Aeth Arm   14₁₄ ἑκατὸν εἴκοσι] εκατον B 46 319 Syᴼ Sa   1₃ συμ-
πορευθεῖσιν] προπ. B 46 Sixt   4₂₀ ὑποδεικνύω] επιδ. B 46   10 ἐᾷ εἰσελθεῖν] εασει
(εα σε 46; εασει σε (εασεις*) Vᶜ) ελθειν B V 670 46: cf La⁻ᵂ 𝔇₁₁ (ire; intrare
Laᵂ).

Unter den Änderungen in der Setzung des Artikels sind nur Auslassungen festzustellen. Das bestätigt den Befund, daß sich der B-Text grundsätzlich dem Eindringen des Artikels versperrt, so daß er, wo er vom B-Text
bezeugt ist, meist als ursprünglich gewertet werden muß³): 3₁₆ ἡ προσευχή]
προσευχη (-ης B* (non 122)) B 55 Or de or 321 Sixt   10₇ τῷ Ῥαγουήλ] om τῷ
Bᶜ 46 55 318 319 392   14₇ τὸν κύριον] om τόν B 46 319 Sixt.

---

¹) Zu 14₁₅ ἠχμαλώτευσεν s. S. 91.
²) Berührungen mit einzelnen Zeugen von 𝔊ᴵᴵ, die zu undeutlich sind als daß sich auf
Abhängigkeit schließen ließe, werden hier registriert.
³) Über Ausnahmen vgl. TGE S. 100f.

Syntaktische Eingriffe in die Satz- bzw. Kasuskonstruktion: 1₈ οἷς] τοις B*: cf 𝔊^{II}   13₆ ὑψῶ ... τὸν βασιλέα] νψω ... τω βασιλει B 46 319 Sixt   9 πόλις ἁγία] π. αγιον B 46 319 Sixt = La^J (civitas sancti); π. αγιασματος d; civitas sanctorum Sa   18 ἐροῦσιν ... Ἀλληλουιὰ καὶ αἰνέσουσιν] ερ. ... αλλ. και αινεσιν B 583 Sixt.

Änderungen von Verbalformen: 1₁₀ ᾐχμαλωτίσθην] -θημεν B Sixt   3₃ ἐκδικήσῃς] εκδικης B Sixt[1])   7₁₅ εἰσάγαγε] εισαγε B   14₉ ἵνα ... ᾖ] ινα ... ην B* (non 122)   7₁₄ ἤρξαντο] -ατο B^c 402 731* (non 68 Ald) 3₁₁ 488 583   13₁₄ εὐφρανθήσονται] -σεται B 319 Sy^O: ad 15 trah   3₁₀ ἐστιν] εσται B 71 Sa Sixt   10₁ ἐλογίζετο] ελογισατο B 46 Sixt   14₉ γίνου] γενου B 46 Sixt   10₁₂ ἀποκαταστῆσαι] -σει B 46 392   11₈ ἀποβαλεῖ] -βαλειται B 535 Sixt   14₁₀ Ἀχιάχαρος μὲν ἐσώθη] αχιαχαρον μεν εσωσεν B 46 319 Sy^O Sixt; deus salvavit (misertus est Sa^C) achiacharum (achiarum Sa^C; + et salvavit eum Sa^C) Sa   2 ἐξομολογεῖσθαι] εξωμολογειτο (εξομ. 319) B 46 319 Sy^O Aeth Sixt.

Was die grammatischen Erscheinungen anbetrifft, bleibt der B-Text auch in Tob grundsätzlich der beste Zeuge für die Bewahrung der ursprünglichen hellenistischen Form[2]). Ausnahmen, die die Regel bestätigen, sind die leichte Neigung zur Wiedereinführung des Reflexivpronomens: 7₇ εαυτου B Sixt 8₁₁ εαυτου B A V 46 55 318 319 392 Sixt Ra. (10₇ εαυτης 55   12 εαυτου 55 318 392)[3]), die Einführung des auch in klassischer Prosa nachgewiesenen Gebrauchs von ὅς als Demonstrativpronomen: 5₁₃ ὁ δέ] ος δε B 55 Sixt[4]), die vorchristlich noch seltene Aufhebung der Aspiration am Wortende: 6₁₅ ουκ υπαρχει B* V*[5]), und einige weitere Eigentümlichkeiten in den Verbalformen: 1₁₇ ἐ(ρ)ριμμένον] ρεριμμενον B 106: vgl. A in Idt 6₁₃ (Einl. S. 40)   9₃ ὀμώμοκεν (ωμ.)] ομωμοχεν (-μωχεν 319) B* (non 122) A 319[6]).

2. Der A-Text überliefert auch in Tob[7]) von den Unzialen die meisten Sonderlesarten. Sie überwiegen gegenüber den von weiteren Zeugen, am häufigsten wie in Est von 311^{(')}, oft auch von 583, begleiteten Lesarten in einem Maße, daß die meisten von ihnen eher als Eigentümlichkeiten des Schreibers, denn als eigentliche Lesarten des A-Textes gewertet werden dürften. Dem entspricht, daß eine Übereinstimmung mit der Textform 𝔊^{II}, die auch bei diesem Text als Kriterium für die Bestimmung seines sekundären Charakters dienen muß, in den zahlenmäßig überwiegenden Sonderlesarten nur einmal festgestellt werden kann: 3₆ ἀποθανεῖν] pr μαλλον A: cf 𝔊^{II}, während sie in den von anderen Zeugen begleiteten Fällen öfter begegnet: als Auslassung

---

[1]) Vgl. hierzu Peter Walters (Katz), The Text of the Septuagint, 1973, S. 111.
[2]) Die Belege s. Tob Einl. unter „Grammatica".
[3]) Vgl. TGI S. 108f., TGE S. 124ff., Est Einl. S. 111f.
[4]) Im ursprünglichen Text von 𝔊^I: 9₅ ὅς δέ] ο δε V a 248 249' 108 126 318 488.
[5]) Vgl. TGI S. 63.
[6]) Vgl. Tob Einl. S. 49.
[7]) Vgl. Mac II Einl. S. 14ff., Mac III Einl. S. 14f., Est Einl. S. 53ff., TGE S. 36ff., TGI S. 64ff.

in 5₁₈ om Ἄννα A 55 311′ 318 392 Sy Arm = 𝔊^{II} und in 12₆ ἐξομολογεῖσθε
1°⌒2° A 318 Sy° Sa^{BC} = 𝔊^{II}, wo schon die Ungleichartigkeit der Zeugen
dagegen spricht, daß es sich lediglich um einen Homoioteleuton-Ausfall handelt[1]), als Wortvariante in 11₁₁ προσέπασεν ... ἐπὶ τοὺς ὀφθαλμούς] πρ. (A sup
ras) ... εις τ. οφθ.: cf 𝔊^{II} (ἐνεφύσησεν εἰς τ. ὀφθ.), vielleicht auch in 10₁₂ παρακαταθήκη, wo die in 𝔊^{II} überlieferte, von Phrynichos[2]) verworfene Bildung
παραθηκη sicher von 319 Sa bezeugt ist, während A* entweder καταθηκη oder
παραθηκη gelesen haben muß. Man vergleiche noch die Übereinstimmung mit
altlateinischer Überlieferung in 4₂₁ θεόν] κυριον A 311′ 583 = La^{MRW} und in
4₁₂ Ἰσαάκ] pr και A Sy^W Aeth = 319 La Ἰακώβ] pr και A 370 248 126 Sy^W Aeth
Arm = 319 La, wo S ausfällt.

Die A-Sonderlesarten sind:

Zusätze: 7₈ Ἔδνα] + και A   3₁₆ εἰσηκούσθη] εισηκουσεν A c 488; + κυριος A
10₂ εἶπεν] + pater eius Sa; + τωβιτ (-βητ 248-381-731^c 249) b c 311 488 583;
+ τωβιας A   6₁₆ ὑπέρ] + του λογου τουτου A^c.

Auslassungen: 5₁₃ om Ἐγώ A   7₁₁ om μου A   2₁ om δέ A   7₉ om
δέ A*   2₂ ἐνδεῆ — κυρίου] > 46; om ἐνδεῆ, ὃς μέμνηται A   4₂ om Τωβίαν
A = La^R   8₆ om ὅμοιον A*: homoiot.

Wortvarianten: 8₁₀ οὗτος] αυτος A   14₅ ἕως] ως A   4₁₆ δίδου] διαδιδου A
7₉ πορείᾳ] ενπορια A: ex εν praec   13₁₆ ἐντίμῳ] επιτιμω A   1₂₂ οἰνοχόος] οινο-
δοχος A   2₁ ἀνέπεσα] ανεπαυσαμην A   3₁₇ λεπίσαι] λιπεισαι A*; πεισαι A^c (vid)
7₉ τελεσθήτω] στητω A   11 παιδίον] παιδαριον A*.

Ein Sonderfall innerhalb der Wortvarianten sind die Änderungen von
Eigennamen, die in dem von weiteren Zeugen begleiteten A-Text zwar nicht
vorkommen, dennoch aber auf vorgegebener Tradition beruhen müssen:
1₁ Ἀδονήλ] νανη A   Γαβαήλ] γαμαλιηλ 249; γαμαηλ A   4₂₀ Γαβαήλῳ] γαμαηλω A:
cf Esdr I 8₂₉   1₇ Ἀαρών] αρων A   8 Δεββώρα] δεμβωρα A.

Umstellungen: 6₁₅ ἐγὼ μόνος tr A   8₄ ἡμᾶς] post ἐλεήσῃ tr b c 583 Ald
Compl Sixt; post κύριος tr A   10₁₁ τέκνα post οὐρανοῦ tr A.

Setzung des Artikels: 1₅ Νεφθαλείμ] pr του A   7₂ Τωβίτ] pr τω A   3₇ τῇ
θυγατρὶ Ῥαγουήλ] om τῇ A.

Stilistische Eingriffe, Numerus und Casus: 6₉ λευκώματα] λευκωμα A =
La^{RWX}   2₁₂ ἀπέδωκαν αὐτῇ] απ. αυτην A   3₂ σύ] σοι A   13₆ ποιήσει ἐλεημοσύνην ὑμῖν] π. ελ. εις υμας A   10 ἐξομολογοῦ τῷ κυρίῳ ἀγαθῶς] εξ. τω αγαθω A.

Änderungen von Verbalformen: 7₁₆ εἰσήγαγεν] -γον A: cf 8₁   6₈ δεῖ]
εδει A   18 προσπορεύῃ] -ση A   11₇ ἀνοίξει] ανοιγει A   4₅ ποίει] ποιειν A: cf
praec.

Von den grammatischen Erscheinungen ist auch in Tob allein A die Bewahrung der attischen Form mit γ bei γινώσκω eigentümlich: 5₁₄ 7₄ 13₆[3]).

---

[1]) Vgl. in 12₇ die mit d La 𝔇 übereinstimmende Auslassung ἀγαθόν ⌒(8) 1° A 314.
[2]) S. 312; vgl. Exod 22₈ (7) 11 (10) Mac II 3₁₀ 15.
[3]) Vgl. Tob Einl. S. 42.

Die von 𝔊^II unabhängigen Sekundärlesarten von A mit weiteren Zeugen sind:

Auslassungen: 6₁₈ om αὐτῇ 2° A 46   10₁₃ om καί 3° A 319 583   2₁₀ καί 3° ∩4° A Arm   7₁₅ om Ῥαγουήλ A 583 Aeth.

Wortvarianten: 6₁₈ ὑμᾶς] ημας A V* 402 55   12₆ ὑμῶν] ημων A V 71-402* 46 126 488 Ald   8₂₀ αὐτῷ] αυτοις A 311   6₁₅ ὅτι] διοτι A 311' 535 583   3₇ ὑπό] απο A 583; vgl. in 1₁₅ die von A V 71 46 392 535 bezeugten Varianten zu ἠκαταστάτησαν, die verschiedene Formen von καθίστημι darstellen.

Umstellung: 12₁₇ ὑμῖν ἔσται tr A 311.

Setzung des Artikels: 3₁₇ Τωβίτ 2°] pr του A 311 535   7₃ ἐκ (εν A V 728 311'; εις 535) Νινευή] pr των A V 728 122 311' 535   12₈ ποιῆσαι] pr το A 311 583   13₄ αὐτός πατήρ] om αὐτός a 249' 55 126 318 392 488; ο πατηρ A 311 583.

Stilistische Eingriffe (Numerus beim Nomen): 13₁₁ γενεαὶ γενεῶν] γενεα γ. A 55   4₂ εἶπεν ἐν ἑαυτῷ] ειπεν αυτω A 126   13₁₈ ὕψωσεν πάντας τοὺς αἰῶνας] υψ. εις π. τ. αιωνας A 46 311 319 583 Sa Aeth (sim).

Änderungen von Verbalformen: 12₅ ἐνηνόχατε] -χας A 55 311 318 392 Sy° Sa^B   1₃ συμπορευθεῖσιν] συμπορευομενοις (εισπ. 311) A 311   12₁₃ καταλιπεῖν] -λειπειν (-πιν A) A V* 670 311 318 Ald   14₆ κατορύξουσιν] -ορυξωσιν (κατωρ. V 670) A V* 670.

Grammatica: 7₁₂ Σάρραν] σαρρα A 236 55: cf 3₁₇ 10₁₀   1₄ ᾠκοδομήθη] οικ. A V* 583.

3. Der V-Text überliefert außer den Fällen, in denen er als Begleiter der beiden älteren Unzialen auftritt, sowohl allein als auch von weiteren Zeugen begleitet, nur wenige Sekundärlesarten. Auch die Übereinstimmungen mit 𝔊^II, die in diesem Variantenbestand noch festgestellt werden können, sind nicht mehr so charakteristisch, daß sie Abhängigkeit von dieser Textform zu beweisen vermöchten:

11₁₇ κατευλόγησεν (κατηυλ.)] και ευλογησεν (ηυλ. V) V 488 = 𝔊^II; ευλογησεν 126; pr και 249   8₂₁ τῶν ὑπαρχόντων αὐτοῦ] τ. υπ. μου V Arm: cf 𝔊^II (ὅσα μοι ὑπάρχει)   4₁ οὗ] ο V^c = 𝔊^II; > V*: post ου   3₃ τοῖς ἀγνοήμασίν] pr εν V = 𝔊^II   4 πᾶσιν τοῖς ἔθνεσιν] pr εν V 108 = 𝔊^II.

Immerhin läßt sich von diesen Übereinstimmungen die Einführung der Präposition ἐν in 3₃ kaum anders denn als bewußte Korrektur nach 𝔊^II erklären, da sie bezogen auf das Verbum ἐκδικεῖν ungewöhnlich ist, und da sie wie in 𝔊^II inkonsequent nur bei dem zweiten Begriff τοῖς ἀγνοήμασιν, nicht bei dem vorangehenden ταῖς ἁμαρτίαις angebracht wird. Eine gewisse Nähe zur Textform 𝔊^II und der ihr näher stehenden 𝔊^III zeigen auch die mit 319 übereinstimmende Auslassung von καὶ βουλαί (om βουλαί*) V^c in 4₁₉, wo S ausfällt, und die d entsprechende Änderung des Plurals παιδία in den Singular παιδιον (τεκνον d) V Sa^AB in 6₁₈.

Kenntnis von Doppelüberlieferung, des ursprünglichen Textes und der Rezensionen *b c*, zeigt eine Dublette in 1₁₇: ὀπίσω] επι A *b* 249' Aeth; pr επι V.

Die übrigen Sekundärlesarten des V-Textes sind:

Zusätze: 1₅ τοῦ] pr του οικου V: cf. praec   4₁₀ ἐᾷ εἰσελθεῖν] εα (εασει V) σε ελθειν (εισελθ. 583) V^c (εασεισελθειν*) 46 583   8₇ συγκαταγηρᾶσαι] σ. (συγ-γηρασαι 108; γηρασαι 319; -γηρασον 381 318) με V 71 98-381 108 318 319; + μοι *c* 488 535.

Auslassungen: 5₁₁ om ἐκ ποίας 2° V   6₁₃ om ἐπίσταμαι Ῥαγουὴλ ὅτι V: homoiot.   7₁₁ om ἔχων V   11₁₈ καί 1° ⌒ (19) καί V Arm (hab Oskan).

Wortvarianten: 1₁ τοῦ Τωβιὴλ τοῦ Ἀνανιὴλ τοῦ Ἀδουήλ] τω του αδουηλ του ανανιηλ του δοηλ V   5 Βάαλ] βαλ V* 311*   21 Σαχερδονός] ναχερδονος V; ναχορ-δαν[ος?] 542^{mg}: cf Esdr I 5₆₆ II 4₂ Reg IV 19₃₇ Is 37₃₈ *L*   22 ἦλθον] διηλθον V   4₁₄ ἀποδοθήσεταί] ανταπ. V   5₁₇ ἀπελθεῖν] εξελθειν V: cf praec   11₁₃ ἐπέπεσεν] ενεπεσεν V   5₅ ἔμπειρος] εμπορος V* 107 392*   14 γενεάς] ημερας V 318 392 Arm.

Umstellungen: 3₆ ἐστὶν πολλή tr V   4₁₆ σου / ὁ ὀφθαλμός] tr V.

Setzung des Artikels: 14₄ ὁ προφήτης] om ὁ V*   15 αἱ φυλαὶ αἱ συνα-ποστᾶσαι] om αἱ 2° V 311 319   5₂₀ τοῦ κυρίου] om τοῦ V 248 108 488 (non Compl)   16 τῷ Ἰσραήλ] τω λαω ισρ. *b c*; τω λαω τω ισρ. V.

Stilistische Eingriffe (Casus): 7₁ ἐχαιρέτισεν αὐτούς] εχ. αυτοις V: cf praec   8₂₀ μὴ ἐξελθεῖν αὐτόν] μη εξ. αυτω (αυτους^c) V*   1₃ δικαιοσύνης] -νας V 669: cf praec, sed et 𝕲^{II} (ἐν δικαιοσύναις)   6₁₆ μέμνησαι τῶν λόγων, ὦν] μ. τον λογον ον (ων V*) V 381 55: cf 𝕲^{II} (acc).

Änderungen von Verbalformen (-bildungen): 12₁₅ εἰσπορεύονται] -ενεται V   14₁₁ ῥύεται] ρυσεται V   3₁₁ εὐλογήσαισάν] -γησαν V 670 107 46 669^c?   12₂ (δι)δούς] διδως V   6₁₂ δοθῆναι] δουναι V   8₂₁ λαβόντα . . . πορεύεσθαι] λαβοντες (71 vid; -ντα 68) . . . πορευεσθε (-σθαι V* 71) V 71 68   6₁₃ ὀφειλήσει] οφλησει (ωφλ. V) V* 64^c 46.

4. Die Sekundärlesarten der Codices mixti sind, soweit sie nicht als Begleiter der Unzialen oder der Rezensionen erscheinen, von untergeordneter Bedeutung. Den eigenwilligsten Text überliefert Hs. 126. Sein deutlichstes Merkmal ist die auch in anderen Büchern feststellbare, nahezu puristische Tendenz, an Stelle des Compositum die Simplexform zu setzen. Doch spricht schon die Beschränkung auf eine einzige Hs. dagegen, den Sekundärlesarten dieses Textes Rezensionscharakter zuzuschreiben. Textgeschichtlich bedeutsam unter den Lesarten der Codices mixti sind allein die auch hier zuweilen begegnenden Übereinstimmungen mit den Textformen 𝕲^{II} und 𝕲^{III}, die als ein Indiz für eine frühe weitere Verbreitung dieser nur noch sporadisch erhaltenen Überlieferung gelten dürfen.

65

Die wichtigen Lesarten dieser Art sind:

46: 2₁₃ κυρίοις] + αυτου 46 Sy Sa Aeth Arm = 𝔊ᴵᴵ   7₂ ὁ νεανίσκος] iste
Aeth; + ουτος 46 535 Sy-ᶠ Sa = 𝔊ᴵᴵ 𝔇   5₁₄ τούς] + δυο 46 = 𝔊ᴵᴵ   4₂₁ πολλά]
magna benedictio Aeth; + αγαθα 46 583 = 𝔊ᴵᴵ, cf 𝔇₂₃   10₁₀ ἀργύριον] + και
(> 71) χρυσιον V a 126; + και χρυσιον και ιματισμον πολυν σφοδρα 46 583 = 𝔊ᴵᴵᴵ
(d Sy), cf 𝔊ᴵᴵ   12₁₁ init] pr και ειπεν αυτοις V a 126; pr και νυν αναγγελλω υμιν
πασαν την αληθειαν και 46 = 𝔊ᴵᴵᴵ (d Sy), cf 𝔊ᴵᴵ 𝔇   15 ἀγγέλων] + των παρεστω-
των ενωπιον του θεου 46 = 𝔊ᴵᴵᴵ (d Sy), cf 𝔊ᴵᴵ 𝔇.   5₁₈ om ἤ 248 46 126 Sy Aeth
Arm = 𝔊ᴵᴵ   9₄ om μέγα 46 319 = 𝔊ᴵᴵ.   5₁₄ Σεμαίου (cum var)] ελεμιου 46
(post σ): cf 𝔊ᴵᴵ (Σεμελίου).   7₁₀ γίνου] γενου 248 46 108 535 = 𝔊ᴵᴵ ᴵᴵᴵ: cf 11.

55: 14₅ αὐτούς 2°] + ο θεος 55 = 𝔊ᴵᴵ   11₁₅ om καὶ ἠλέησας 55: cf 𝔊ᴵᴵ
12₁₈ om ὅθεν 55 318 392 Arm = 𝔊ᴵᴵ 𝔇.

108: 3₆ ἀνάγκης] + ταυτης 108 Sa = 𝔊ᴵᴵ   7₁₄ ἐσθίειν] + και (absc 108)
πινειν (+ et gaudere Arm) 108 311′ 535 Arm: cf 𝔊ᴵᴵ ᴵᴵᴵ.

126: 4₅ ἡμέρας] + σου 126 Sa = 𝔊ᴵᴵ   7₁₁ σού] pr αδελφη 542 126 488
Aeth = 𝔊ᴵᴵ.   2₅ om μου 126 = 𝔊ᴵᴵ   7₉ om προβάτων 126 = 𝔊ᴵᴵ (d) La
10₄ om διότι κεχρόνικεν 126: cf 𝔊ᴵᴵ ᴵᴵᴵ   6 om μὴ λόγον ἔχε 126 = 𝔊ᴵᴵᴵ (d Sy)
7 om Σίγα, μὴ πλάνα με 126 = 𝔊ᴵᴵᴵ (d Sy).   7₁₁ τὸ παιδίον μου] αυτην 126 =
𝔊ᴵᴵ ᴵᴵᴵ   8₁₃ τοὺς δύο] αυτους 71 126 = 𝔊ᴵᴵ   7₁₆ ὡς εἶπεν] ουτως 71 126 319
= 𝔊ᴵᴵᴵ (d)   11₄ παρὰ χεῖρα] εν τη χειρι σου 126 Sa Arm = 𝔊ᴵᴵᴵ (d Sy)   12₄ ὁ
πρεσβύτης] ο τωβητ 126 = 𝔊ᴵᴵᴵ (d Sy), cf 𝔊ᴵᴵ   6₁₄ τὸ κοράσιον δεδόσθαι] οτι το
κορ. εδοθη 126: cf 𝔊ᴵᴵ ᴵᴵᴵ   16 ὑπὲρ τοῦ λαβεῖν] λαβειν 126 = 𝔊ᴵᴵ   7₁₁ ὑπὸ
τὴν νύκτα] την νυκτα 126 = 𝔊ᴵᴵ, cf 𝔊ᴵᴵᴵ (106)   9₃ ὀμώμοκε(ν)] ωμοσε 126
= 𝔊ᴵᴵ.

311: 1₄ ᾠκοδομήθη] + εν αυτη (αυτω 319) 311 319 392 535 Sy Sa = 𝔊ᴵᴵ
8₅ init] pr και ανεστησαν απο της κλινης 311: cf 𝔊ᴵᴵ (καὶ ἀνέστη).   5₁₇ om οἰκῶν
311′ = 𝔊ᴵᴵ.   13₉ υἱῶν] χειρων 311 535 = La 𝔇₁₁ (deest S).   6₁₁ ὀνόματι] η
ονομα 311′ = 𝔊ᴵᴵ.   4₅ ἁμαρτάνειν] αμαρτειν 311 318 392 535 = 𝔊ᴵᴵ   11₂ ἀφῆ-
κας] αφηκαμεν 311 = 𝔊ᴵᴵ   12₆ καλέσας] εκαλεσε 311 = 𝔊ᴵᴵ ᴵᴵᴵ.

318: 7₁₆ ἀπεδέξατο] απεμαξατο 318 Sa Arm = 𝔊ᴵᴵ.

319: 6₁₈ om σφόδρα 319 = 𝔊ᴵᴵ   11₇ om ἐγώ 319 535 = 𝔊ᴵᴵ.   14₂ τὰς ὄψεις]
τους οφθαλμους 319: cf 𝔊ᴵᴵ   1₁₉ ἐν Νινευή] εκ ν. 319 = 𝔊ᴵᴵ   12₁₈ ἦλθον] ημιν
(pro ημην) μεθ υμων 319: cf 𝔊ᴵᴵ.   12₉ ἀποκαθαριεῖ] αποκαθαιρει 248 319
535 = 𝔊ᴵᴵ.

392: 11₈ ὄψεταί σε] αναβλεψη 392: cf 𝔊ᴵᴵ   11 λέγων] και ειπεν 392 = 𝔊ᴵᴵ,
cf 𝔊ᴵᴵᴵ.

535: 5₄ ἄγγελος] + θεον 535: cf 𝔊ᴵᴵ 𝔇₆   14 γενεᾶς] + εἶ 535: cf 𝔊ᴵᴵ   8₇ κύριε]
+ συ οιδας οτι 535: cf La Aug doct 94 c Faust 629 𝔇₉ 𝔊ᴵᴵᴵ (συ γινωσκεις (scis
La) οτι) 12₂₀ συντελεσθέντα] + υμιν 535 = 𝔊ᴵᴵ.   11₁₆ συνάντησιν] απαντησιν
535 = 𝔊ᴵᴵ ᴵᴵᴵ.   16 παντί] pr εν 535 = 𝔊ᴵᴵ.   10₃ ἐλυπεῖτο] ελυπηθη 535:
cf 𝔊ᴵᴵᴵ   12₇ ποιήσατε] ποιειτε 248 535 = 𝔊ᴵᴵ.

583: 7₃ αἰχμαλώτων] αιχμαλωτισθεντων 583 Sa(vid) = 𝔊ᴵᴵ.

5. Ob auch die Sekundärübersetzungen der Textform $\mathfrak{G}^{I}$ dort, wo sie nicht von griechischen Zeugen begleitet werden, auf eine selbständige nicht mehr erhaltene griechische Überlieferung zurückgehen können, läßt sich nicht mehr mit Sicherheit beantworten. Zwar sprechen mehrere auf diese Weise überlieferte Übereinstimmungen mit der Textform $\mathfrak{G}^{II}$ bzw. La oder $\mathfrak{G}^{III}$ dafür. Es handelt sich dabei aber meistens um verdeutlichende Satzelemente, z.B. die Einführung des Satzsubjekts, die Zusätze nominaler oder pronominaler Attribute, wie sie in der Tendenz einer jeden, auch getreuen, Übersetzung liegen[1]). Immerhin dürfte einigen dieser Übersetzungselemente, vor allem der syrischen Übersetzung, textgeschichtliche Bedeutung zugesprochen werden:

Sy: 1₉ *Τωβίαν*] pr *filium et vocavi nomen eius* Sy = $\mathfrak{G}^{II}$ 3₉ *μαστιγοῖς* B A c 55 311 318 392 488 Sa Arm Sixt] + *propter viros tuos* Sy = $\mathfrak{G}^{II}$; + *περι αυτων* rel   15 *ζῆν*] pr *λοιπον* 248; pr *amplius* Sy^{-QEG} = $\mathfrak{G}^{II}$ (*ἔτι*)   5₂ *καί*] *ille non novit me et ego* Sy$^{HI\,txt\,Tc}$ = $\mathfrak{G}^{II}$ $\mathfrak{D}$ 7₁₃ fin] + *et dabat eam ei mulierem secundum ius* (*officium*^{mg}) *aeternum* Sy^{O}: cf $\mathfrak{G}^{II}$ 10₂ *Μήποτε* 1° $\frown$ 2° Sy^{O} = $\mathfrak{G}^{III}$ (*d* Sy) 7₉ *ἔθυσαν*] -σεν Sy = $\mathfrak{G}^{II}$.

Sa: 6₁₃ *ἤ* 2°] *ΠΑΡ[Α]* Sa = $\mathfrak{G}^{II}$ 8₆ om *στήριγμα* Sa = La Aug doct 94 Spec 541 $\mathfrak{D}$₈ $\mathfrak{G}^{III}$ (*d*).

Aeth: 4₁₂ *ἐκ τῶν ἀδελφῶν*] *e progenie patrum* Aeth: cf $\mathfrak{G}^{II}$ (*ex genere* (*semine* GMJW) *patrum* (*fratrum* GMJ; *parentum* X) La (deest S))   11₁₇ *χαρά*] *gaudium magnum* Aeth = La^{-R} 13₄ *ὑποδείξατε*] *monstravit* Aeth = $\mathfrak{G}^{II}$.

Arm: 5₇ *καὶ ἐρῶ*] *donec intrem, quaeram* (pro *ερωτω*?) Arm: cf $\mathfrak{G}^{II}$ (*μέχρι ὅτου εἰσελθὼν ὑποδείξω*)   14₁₅ fin] + *gloriam dedit gratulando deo cui gloria in saeculum saeculorum amen* Arm: cf $\mathfrak{G}^{II}$.

Sa Aeth Arm: 8₂₀ om *πρίν — γάμου* Sa Aeth Arm: cf $\mathfrak{G}^{II\,III}$.

3.3. Die gegenseitige Zuordnung der Rezensionen

Die Darstellung des Charakters der einzelnen Zeugengruppen, welche die Textform $\mathfrak{G}^{I}$ überliefern, zeigt, daß sich sowohl der Text der vier Rezensionen als auch der Text der drei Unzialen in mannigfacher Weise gegenseitig berühren und miteinander verbinden kann. Keiner dieser Texte ist völlig unabhängig von einem andern überliefert. Hinsichtlich der Berührung zwischen Unzialtext und Rezension ist vor allem das Zusammengehen der Rezension *a* mit dem V-Text, in geringerem Maße der Rezension *b* mit dem A-Text von Bedeutung. Hinsichtlich der Berührung zwischen den Unzialtexten unter sich zeigen einige gemeinsam überlieferte Lesarten, die aus dem Kontext schwer erklärbar sind, wie 1₁₅ *ἠκαταστάτησαν*] *κατεστησαν* (*εκατ.* V) A V 71   14₆ *κατορύξουσιν*] *κατορυξωσιν* (*κατωρ.* V 670) A V* 670, eine besondere Nähe zwischen den Unzialen A und V[2]). Hinsichtlich der Berührung zwischen den Rezensionen unter sich ist die weitaus engste Verbindung zwischen *b* und *c* fest-

---

[1]) Vgl. Tob Einl. S. 20ff.   [2]) Vgl. Mac III Einl. S. 16.

zustellen. Mehrfach überliefert auch die Rezension *a* mit *d* und *c* mit *d* zusammen gemeinsame Sekundärlesarten. Hingegen ist, wie in Esdr I und Idt[1]), ein Zusammengehen der Rezensionen *a* und *b* dort, wo sie nicht von weiteren Rezensionen begleitet sind, nur in seltensten Fällen festzustellen, die nicht zum Schluß auf gegenseitige Abhängigkeit zwingen[2]). Auch in Tob ist darum die Überlieferung von *a* und *b* gemeinsam überlieferter Lesarten ein wichtiges Kriterium für die Bestimmung des ursprünglichen Textes. Als Beispiele seien genannt:

1. 4₁₉ τὸν θεόν σου V *a b*⁻²⁴⁸ 108 Arm] > 248 392; om σου rel Ra. Die Tilgung des Pronomens ist nach Ausweis von 319 und La (*dominum* La^MJW) — S ist nicht erhalten — Einfluß der Textform 𝕲^II.

2. 5₁₅ εἶπον *a b* 126 318 392 55] + μοι rel Ra. Der Zusatz des Pronomens ist sekundäres Interpretament. Tilgung von Pronomina als Rezensionselement ist, wofern es sich nicht um Angleichungen an die Textform 𝕲^II handelt, weder für *a* noch für *b* charakteristisch.

3. 10₇ ἀπῆλθαν (-θον V *a b*⁻⁷²⁸ 108 318) A V *a b* 55 108 318] -θεν rel Sy^O Sa Aeth Sixt Ra.: cf 𝕲^II (ᾤχετο). Die ursprüngliche Formulierung im Plural ist von *a* und *b* gemeinsam bewahrt worden — ihr sekundäres Element ist nur die beiden Rezensionen unabhängig voneinander eigentümliche attisierende Tendenz[3]) —; der Singular als sekundäre Textform ist sowohl von 𝕲^II als auch vom Kontext her als Lectio facilior leicht erklärbar, da es um die schwindende Hoffnung der Hanna auf die Rückkehr ihres Sohnes geht. Die Erinnerung an den Weg, „auf welchem sie" — Tobias und der Engel — hinweggegangen waren, ist aber ein bewußter Rückbezug auf die Erzählung von 5₁₇ καὶ ἐξῆλθαν ἀμφότεροι ἀπελθεῖν, der auf andere Weise, in singularischer Formulierung, auch in der Textform 𝕲^II vorliegt.

4. 14₁₀ ἔπηξαν V *a b* 311] επηξεν B A *c d* 46 55 318 319 392 488 583 Sy^O Sa Aeth⁻^NR Arm Sixt Ra. = 𝕲^II; pr ΑΔΑ Sa^A: ante Σ; pr ΑΔΑΣ Sa^C: cf 𝕲^II. Die nur in der Textform 𝕲^I überlieferte Aussage über einen Manasses: „Er übte Barmherzigkeit und wurde darum aus der Schlinge des Todes, die sie ihm gelegt hatten, errettet; Haman aber fiel in die Schlinge und kam um" entspricht zwar nach Form und Stellung im Kontext der Aussage über Achikar in 𝕲^II: „Weil er Barmherzigkeit übte, entging er der Schlinge des Todes, die Nadab ihm gelegt hatte; Nadab aber fiel in die Schlinge des Todes . . .". Aber die Einführung eines anderen Namens, der in den 𝕲^I-Zeugen einhellig überliefert ist und darum nicht als Verschreibung abgetan werden kann[4]), nötigt zum

---

[1]) Vgl. TGE S. 44ff., TGI S. 75f., auch Est Einl. S. 87.

[2]) Abgesehen von grammatischen Erscheinungen (vgl. S. 52 zu *a*) notiere ich noch: 4₁₉ τρίβοι] + σου V *a b* 249 108 311′ Sa Aeth Arm = 319 (deest S), wo aber einer der drei *c*-Zeugen hinzutritt.

[3]) Vgl. S. 52 und 55.

[4]) So schon Grotius S. 9 (zu 11₂₀(₁₈)), der, unter Berufung auf Vorgänger, in 11₁₈ αχιαχαρος ο και νασβας konjiziert und in 14₁₀ μανασσης als Verschreibung aus νασβας postuliert. Vgl. dagegen Houbigant S. 576.

Schluß, daß hier in 𝔊ᴵ eine der Textform 𝔊ᴵᴵ unbekannte Überlieferung eingetragen worden ist, auf Grund derer die tautologischen Aussagen in 𝔊ᴵᴵ aufgehoben werden. Dafür spricht auch der feine formale Unterschied, daß in 𝔊ᴵᴵ Nadab als Subjekt und Urheber der gelegten Todesschlinge genannt wird (ἣν ἔπηξεν αὐτῷ Ναδάβ), die ihm dann selber zum Verhängnis wird (καὶ Ναδὰβ ἔπεσεν εἰς τὴν παγίδα), während in 𝔊ᴵ Haman nur als Subjekt des Falles in die Schlinge (Ἀμὰν δὲ ἐνέπεσεν), nicht mehr als ihr Urheber erscheint, der anonym bleibt. Auf Haman als Subjekt der vom B-Text, vom A-Text und von den Rezensionen c d bezeugten singularischen Formulierung ης επηξεν αυτω dürfte nur dann geschlossen werden, wenn im vorangehenden Kontext nicht unvermittelt der Name Manasses eingeführt worden wäre, der in keinerlei Beziehung zu den davor stehenden Aussagen über Haman (und Achikar) steht. Darum ist als Subjekt, das Manasses die Todesschlinge legt, nur eine anonyme Instanz möglich, und ist damit die von den Rezensionen a und b bewahrte pluralische Formulierung als ursprünglich gefordert, während der Singular der übrigen Zeugen als sekundäre Angleichung an 𝔊ᴵᴵ gewertet werden muß[1]).

Wenn so die von a und b gemeinsam bezeugten Lesarten abgesehen von wenigen Ausnahmen den ursprünglichen Text überliefern, können doch diese beiden Rezensionen dann, wenn sie von weiteren Rezensionen begleitet sind, als Träger sekundärer Rezensionselemente erscheinen, z.B. 14₁₁ ἔθαψεν] εθαψαν a⁻⁷⁴′ ³⁷⁰ˢ ³¹⁴(vid) b⁻²⁴⁸ ⁷²⁸ 249′ d 126 488 535 Sa Aeth Ald Sixt: cf 𝔊ᴵᴵ[2]), wie auch anderwärts Rezensionselemente von drei Rezensionen gemeinsam überliefert werden können, z.B.: 1₂ Θίσβης] θηβης (θιβης A 370 107 (non 44) 311 535) A V a c d 46 126 311 488 535 583 Sy Aeth   1₇ ἐκ τοῦ γένους μου post ἐθεώρουν tr V a c d 392* 488   14₁₅ ἀποθανεῖν 2°] + αυτον a 381 c d 319 488   1₇ δεκάτην 1°] pr πρωτην b c d 488 583 Aeth   21 πεντήκοντα] + πεντε V b c d 583 Aeth Arm.

Neben der gegenseitigen Unabhängigkeit der Rezensionen a und b muß auch im Buch Tobit der B-Text als der von rezensionellen Einflüssen relativ wenig berührte Text als das zweite wichtige Kriterium für die Bestimmung des ursprünglichen Textes gelten. Weitere äußere — d.h. überlieferungsgeschichtliche — Kriterien gibt es nicht. Da in allen einzelnen Textgruppen auch ein mehr oder weniger starker Einfluß der Textform 𝔊ᴵᴵ festgestellt

---

[1]) Über die Gestalt des Manasses gibt auch die Achikar-Überlieferung außerhalb des Tobitbuches keinen Aufschluß. Im Blick darauf, daß in 𝔊ᴵ auch an Stelle des Nadab in 𝔊ᴵᴵ — fraglos aus Esther — Haman erscheint, bleibt eine Reminiszenz an die Überlieferung über den König Manasse in 2.Chron 33 nicht unwahrscheinlich, dessen assyrische Verfolger als Ursache seiner Umkehr und Errettung durchaus als ,,Urheber der Todesschlinge" verstanden werden können (vgl. die syrische Überlieferung in 𝔊ᴵᴵ, wo Ahab an Stelle von Nadab erscheint).

[2]) Vgl. noch 6₄ ἀνέβαλεν] ανελαβεν V a 64-248-381-728 c 311′ 318 535 Sy Arm (vid) (non Compl); ελαβεν 488.

worden ist, kann auch bei keiner von ihnen das Zusammengehen mit dieser Textform als Indiz dafür dienen, daß es sich hier um jene **primäre** Gemeinsamkeit handeln müsse, die auf die **Entstehung** der einen Textform aus der andern zurückzuführen ist.

Auch eine überlieferungsgeschichtliche bzw. chronologische Gliederung der einzelnen Textgruppen im Sinn einer eigentlichen Textgeschichte läßt sich nicht mehr durchführen — dafür ist die gegenseitige Durchdringung der einzelnen Texte zu weit fortgeschritten —; es läßt sich in dieser Hinsicht nur an einigen Beispielen, die den Zeugenwert der einzelnen Textgruppen besonders deutlich zeigen, darstellen, wie sich innerhalb der einzelnen Lesarten, auf der Grundlage des B-Textes, bei je verschiedener überlieferungsgeschichtlicher Einordnung der Rezensionselemente, die Textgeschichte noch am besten erklären läßt:

1. 5₁₃ Ἐγὼ Ἀζαρίας Ἀνανίου B V 55 108 311′ 318 392 Sy Arm (sim) Sixt] om Ἐγώ A; εγω ανανιας αζαριου 583; εγω ειμι αζ. αν. a 126 535 = La D₁₈; εγω το γενος αζ. ανανιου (-νια 46) c d 46 488 Aeth; εγω το (> 248 (non Compl)) γενος αζαρια (-ριον 248-381) και ανανιου b.

Der B-Text, dem mit ihren Sonderlesarten auch A und 583 zugehören, überliefert die ursprüngliche, mit der Textform 𝔊ᴵᴵ (S 319) übereinstimmende Form der Aussage, mit der der Engel seine Herkunft verhüllend erklärt. Ob der von der Rezension a bezeugte Zusatz ειμι auf die lateinische Überlieferung der Textform 𝔊ᴵᴵ (La = 𝔇) zurückzuführen ist, läßt sich nicht mehr beantworten, da es sich um ein allgemeines Interpretament handelt. Die Rezensionen c und d (mit 46 488 Aeth) fügen, unabhängig sowohl von der Textform 𝔊ᴵᴵ als auch von der Rezension a, ein anderes Interpretament, το γενος, ein. Es ist die Voraussetzung einer letzten rezensionellen Umdeutung in der Rezension b, welche die Namen Ἀζαρίας und Ἀνανίας mit και verbindet und durch den Genitiv von το γενος abhängig macht, um so Ἀζαρίας nicht als den Namen des Engels, sondern seines Vorfahren zu definieren. Hier dürfte die theologisch begründete Beseitigung eines Anstoßes vorliegen, der für die Frage nach der Kanonizität des Buches bedeutsam war: Cum ratione humana pugnat mentiri angelum bonum[1]).

2. 11₅ περιβλεπομένη εἰς τὴν ὁδὸν τὸν παῖδα αὐτῆς] περιβλ. τον παιδα αυτης εις την οδον b c 488; περιβλ. (θεωρουσα 126) την οδον δια τον υιον αυτης a 126: cf 𝔊ᴵᴵ (περιβλ. τὴν ὁδὸν τοῦ υἱοῦ αὐτῆς).

Der ursprüngliche Text der Textform 𝔊ᴵ, der auch hier vom B-Text überliefert wird, bietet die syntaktische Schwierigkeit, daß das Verbum περιβλέπεσθαι in der gleichen Bedeutung „Ausschauen nach" zweimal verschieden konstruiert wird, einmal präpositional mit εἰς: „nach dem Weg", einmal mit

---

[1]) Vgl. Houbigant S. 544 f.

Akkusativ: „nach ihrem Sohn"[1]). Die Rezensionen *b* und *c* (mit 488) beheben diese Schwierigkeit notdürftig und nur vom ihnen vorgegebenen B-Text ausgehend in der Weise, daß sie das näher liegende Akkusativobjekt vorausnehmen, während die Rezension *a*, die sowohl den B-Text als auch die Textform 𝔊ᴵᴵ als Vorlage voraussetzt, aus 𝔊ᴵᴵ *υἱός* an Stelle von *παῖς* und die Setzung von *ὁδός* in den Akkusativ einführt, aus dem B-Text aber die adverbiale Verbindung von *υἱός* mit *περιβλέπεσθαι* beibehält, was sie dazu nötigt, ohne Anhalt an vorgegebener Überlieferung einen präpositionalen Ausdruck mit *διά* einzuführen: „Sie schaute nach dem Wege aus um ihres Sohnes willen"[2]).

3. 13₅ *ἐὰν σκορπισθῆτε* B 46 319 535 Syᴼ Sa(vid) Arm Sixt] *εαν εσκ.* A; *εσκορπισθητε* (-πησθ. 58) *c* 55 311 318 488 583; *εαν σκορπισθωμεν* *a*; *διεσκορπισθητε* V 64-381-728 392 Ald; *διεσπειρεν ημας* 98-243-248-731 Aeth; *διεσκορπισθημεν* *d* Sy: cf 𝔊ᴵᴵ.

Die in je verschiedener Kombination vorgenommenen rezensionellen Eingriffe in den vom B-Text bezeugten ursprünglichen Text sind: (1) die Änderung der zweiten Person in die erste Person des Plural in *a* und *d*, (2) die Änderung der potentialen Aussage im Futurum, „wohin immer ihr dann zerstreut werden mögt" in die indikativische Aussage im Aorist, „wohin ihr dann zerstreut worden seid", mit unterschiedlichen Personen in *c*, *b* und *d*, und (3) die der Textform 𝔊ᴵᴵ entsprechende Ersetzung der Simplexform *σκορπίζειν* durch das Compositum *διασκορπίζειν* in *b* und *d*[3]). Da nun diese als Angleichung an 𝔊ᴵᴵ zu bestimmende Änderung der Wortbildung nicht an der ursprünglichen Formulierung von *ἐάν* mit Konjunktiv vorgenommen wird, sondern nur an der sekundären der Aussage im Aorist, ist anzunehmen, daß die Änderung der Simplexform in den indikativischen Aorist, die von der Rezension *c* (mit 55 311 318 488 583) bezeugt wird, der Einführung des Compositum nach 𝔊ᴵᴵ vorausging, so daß hier die Rezension *c* der Rezension *b* gegenüber primär erscheint[4]). Ein ähnliches Verhältnis läßt sich auch zwischen den Rezensionen *a* und *d* hinsichtlich des Wechsels in der Person feststellen: *a* setzt unter Beibehaltung der ursprünglichen potentialen Formulierung mit *ἐάν* an Stelle der zweiten Person die erste Person im Plural *εαν σκορπισθωμεν*;

---

[1]) Die Schwierigkeit läßt sich durch die Annahme örtlichen Gebrauchs von *εἰς* im Sinn von *ἐν* beheben (vgl. S. 78) „Sie schaute am Weg nach ihrem Sohn aus". Aber die Rezensionen setzen diesen Sinn nicht voraus.

[2]) Wie die Aussage rein innergriechisch, ohne Bindung an vorgegebene Überlieferung, neu formuliert werden kann, zeigt die hier erhalten gebliebene Textform 𝔊ᴵᴵᴵ (*d* Sy): *εἱστήκει ἐπιβλέπουσα ἐπὶ τὴν ὁδόν*.

[3]) Die Verbindung der Simplexform im Aorist mit *ἐάν* in A (vgl. Bl.-Debr. 367₂) dürfte das erste Zwischenglied sein.

[4]) Hier liegt einer der seltenen Fälle vor, wo bei gespaltener Überlieferung in der Rezension *b* die Untergruppe 64-381-728 nicht den ursprünglichen Text überliefert, sondern eine weitere Sekundärlesart (*διεσκορπισθητε* (mit V 392)). Da diese dem ursprünglichen Text näher steht als die durch die Hauptgruppe 98-243-248-731 bezeugte (*διεσπειρεν ημας*: cf 3), ist eine sekundäre Rückbewegung zum ursprünglichen Text nicht ausgeschlossen, wahrscheinlicher aber eine sekundäre Änderung des eigentlichen *b*-Rezensionselements *διεσκορπισθητε* in Angleichung an 13₃.

d verbindet diese Form sowohl mit der Änderung in den indikativischen Aorist als auch mit der Einführung des Compositum der Textform $\mathfrak{G}^{II}$. Das Zwischenglied der potentialen Formulierung mit dem Compositum fehlt auch hier. Somit ergibt sich als wahrscheinlichste textgeschichtliche Gliederung: 1) Änderung der ursprünglichen Überlieferung des B-Textes durch die Rezension *c* (Modus), 2) unabhängig davon andersartige Änderung des ursprünglichen Textes durch die Rezension *a* (Person), 3) Angleichung an die Textform $\mathfrak{G}^{II}$ (Compositum) nach der Vorlage der Rezension *c* (Indikativ in der ursprünglichen 2. Person plur.) durch die Rezension *b*, und 4) unter Voraussetzung sowohl des rezensionellen Eingriffs von *c* (Indikativ Aor.) als auch von *a* (1. Person plur.) Änderung nach $\mathfrak{G}^{II}$ durch die Rezension *d* (Ind. aor. der 1. Person plur. im Compositum).

4. Der ursprüngliche Text der Textform 𝔊ᴵ

4.1. Wort

4.1.1. Eigennamen

Die Bestimmung der ursprünglichen Form der Eigennamen ist im Buch Tobit, wie bei Idt[1]), durch das Fehlen der hebräischen bzw. aramäischen Vorlage erschwert. Auch die Überlieferung der Namensformen טובי für den Vater und טוביה für den Sohn in den Qumranfragmenten[2]) gibt kaum Aufschluß über die älteste Form der Transkription.

Bei der Entscheidung über die ursprüngliche Namensform nach textgeschichtlichen Kriterien muß grundsätzlich unterschieden werden zwischen der Transkription der semitischen Vorlage und der Gräzisierung der Endung im griechischen Kasussystem.

Was die Transkription anbetrifft, ist zuerst festzustellen, daß in der Textform 𝔊ᴵᴵ der gleiche Name bei mehrfachem Vorkommen je verschieden transkribiert werden kann[3]), während in 𝔊ᴵ einheitliche Transkription vorherrscht. Das zeigt schon, hinsichtlich Transkription und gräzisierter Endung, die Überlieferung des Namens Tobit, der, während er in 𝔊ᴵ einheitlich mit $T\omega\beta\acute{\iota}\tau$ transkribiert wird, in der Textform 𝔊ᴵᴵ als Akkusativ in 3₁₇ 7₄ 9₆ 10₈ 11₁₈ in der Form $T\omega\beta(\varepsilon)\acute{\iota}\nu$, als Nominativ in 11₁₀ 12₄ in der Form $T\omega\beta(\varepsilon)\acute{\iota}\varsigma$, an den übrigen Stellen aber, meist im Nominativ, aber auch in anderen Casus (z.B. 5₁ im Dativ, 14₁ im Genitiv), in der Form $T\omega\beta(\varepsilon)\acute{\iota}\vartheta$ überliefert ist. Das nötigt zum Schluß, daß die in S und Laᴹ überlieferte Verschreibung $\tau\omega\beta\iota\alpha$[4]) in 7₂, wo nur der Vater gemeint sein kann, eher auf die anderwärts nicht belegte und darum von einem Abschreiber mißverstandene Dativform $T\omega\beta\varepsilon\bar{\iota}$ zurückzuführen ist als auf $\tau\omega\beta\iota\vartheta$. Einen ähnlichen Befund zeigt die Namensform Achikars, die, während sie in 𝔊ᴵ einhellig $A\chi\iota\acute{\alpha}\chi\alpha\varrho\varsigma$ lautet, in 𝔊ᴵᴵ in 2₁₀ $A\chi(\varepsilon)\iota\acute{\alpha}\chi\alpha\varrho\varsigma$, in 1₂₁ ₂₂ $A\chi(\varepsilon)\acute{\iota}\chi\alpha\varrho\varsigma$ (-$\varrho\nu$), in 11₁₈ $A\chi(\varepsilon)\iota\varkappa\acute{\alpha}\varrho$ (Nominativ), in 14₁₀ $A\chi(\varepsilon)\acute{\iota}\varkappa\alpha\varrho\varsigma$ (-$\varrho\nu$, -$\varrho\omega$) transkribiert wird. Die Überlieferung in 𝔊ᴵᴵ verbietet daher eine Vereinheitlichung der Namensformen[5]).

In der Textform 𝔊ᴵ muß bei gespaltener Überlieferung grundsätzlich der Transkription des B-Textes der Vorzug gegeben werden, da sie sich hinsichtlich

---

[1]) Vgl. TGI S. 78ff.

[2]) Vgl. J. T. Milik, La patrie de Tobie, RB 73 (1966) 522.

[3]) Zu dieser Erscheinung vgl. in Esdr I TGE S. 55, in Idt TGI S. 78.

[4]) Nicht mit Rahlfs $\tau\omega\beta\varepsilon\iota\alpha$. Laᴹ geht hier wie an allen übrigen Stellen auf die Tradition der Vulgata zurück, nach der auch der Vater *tobias* heißt.

[5]) Zu 2₁ $\Sigma\alpha\varrho\chi\varepsilon\delta\acute{o}\nu\varsigma$ vgl. S. 58. Auch die Endung dürfte trotz des Nominativ $\Sigma\alpha\chi\varepsilon\varrho\delta\sigma\nu\acute{o}\varsigma$ in 1₂₁ ₂₂ als Genitiv von $\Sigma\alpha\chi\varepsilon\varrho\delta\acute{\omega}\nu$ verstanden werden.

ihrer Bezeugung als weiter verbreitete, dem Codex Vaticanus vorgegebene Überlieferung erweist, und da sie sich hinsichtlich ihres Charakters am wenigsten als sekundäre Angleichung an anderwärts bezeugte Namensformen erklären läßt. Das gilt vor allem für die Formen Ἰαϑάν B A V 55 108 318 392 488 Sy Aeth[R] mit c gegenüber den Formen der Rezensionen ιωαϑαν a, ιωναϑαν b, αϑαν d und für Σεμαίου (-μεου B) B 55 108 318 583; σεμαιου 392 gegenüber σεμειου (-μιου 107) A a d 126 311′ Ra., σαμαιου (-μεου) V b c 488 in 5₁₄. Eine Unsicherheit in der Überlieferung des B-Textes ergibt sich aber durch den Vergleich der anderwärtigen Bezeugung des Namens in LXX für 14₁₅ Ἀσούηρος A 98 126 311] ασυηρος B 55 318 Sa Sixt Ra.; ασσυηρος 319 392; ασσυριος d; ασοηρος 46; ασσαηρος 68; ασσουκρος 488 (non 669); ασσουηρος rel. Es handelt sich um den persischen Königsnamen אֲחַשְׁוֵרוֹשׁ, der im AT noch in Dan 9₁ Esdr II 4₆ (der Vers fehlt in Esdr I (5₇₀)) und mehrfach in Est überliefert ist, wo er in dem späteren „L-Text" mit Ἀσούηρος transkribiert, im o′-Text aber mit Ἀρταξέρξης wiedergegeben wird. Esdr II 4₆ spricht eindeutig für Ἀσούηρος als die ursprüngliche und für ασσυηρος als die lukianische Form, während der B-Text (B 55) mit ασοηρου (ασϑηρου B ist Unzialfehler) auch hier eigene Wege geht. Für die Ursprünglichkeit der Form Ἀσούηρος spricht zuletzt, hier nun mit dem für dieses Buch wertvollsten Zeugnis des von Hippolyt begleiteten B-Textes[1]), die Überlieferung in Dan ϑ′ 9₁, wo B-239 62′ lII 91 La[W] Co Hippol[B] Ἀσουήρου, die Mehrzahl der übrigen Zeugen ασσουηρου lesen. Sowohl die Gemination von σ als auch die Setzung von υ für ου dürfte durch Assoziation an Ἀσσύριος zu erklären sein. Die ursprüngliche Form Ἀσούηρος wird auch durch den Korrektor des Codex Sinaiticus in 𝔊[II] 14₁₅ (Ἀχιάχαρος] ασουηρος S[c]) gestützt, der für seine Korrekturen der Textform 𝔊[II] nach 𝔊[I] eine zuverlässige Vorlage benützt.

Was die Gräzisierung der Endungen anbetrifft, sind in beiden Textformen Gesetzmäßigkeiten erkennbar, auf Grund derer sich an uneinheitlich überlieferten Stellen die ursprüngliche Form mit ziemlicher Sicherheit bestimmen läßt. Γαβαήλ wird bei beiden Textformen im Nominativ (10₂) und im Genitiv (1₁) nicht mit griechischer Endung versehen, wohl aber im Dativ (1₁₄ und 4₂₀ παρεϑέμην Γαβαήλῳ). 𝔊[I] 5₆ παρὰ Γαβαήλ τὸν ἀδελφὸν ἡμῶν ηὐλίσϑην, wo 𝔊[II] ηὐλιζόμην παρὰ Γαβαήλῳ τῷ ἀδελφῷ ἡμῶν liest, beweist für die Textform 𝔊[I], daß sie auch den Akkusativ nicht gräzisiert. Daraus folgt für ein analoges Verhältnis der beiden Textformen in 9₂, πορεύϑητι ... παρὰ Γαβαήλ 𝔊[I], ἧκε παρὰ Γαβαήλῳ 𝔊[II], daß auch hier 𝔊[I] die Präposition παρά mit Akkusativ verbindet. Dieser Befund berechtigt zu einer sicheren Entscheidung bei den beiden uneinheitlich überlieferten Stellen: In 4₁ muß entsprechend 1₁₄ und 4₂₀ — gegen Rahlfs — auch in 𝔊[I] die gräzisierte Form παρέϑετο Γαβαήλῳ als ursprünglich aufgenommen, γαβαηλ des B-Textes (B A 488 Sixt) als sekundäre Angleichung

---

¹) Vgl. J. Ziegler, Dan Einl. S. 58 ff., und Der Bibeltext im Daniel-Kommentar des Hippolyt von Rom 1952.

an die nicht gräzisierten Formen bei anderem Casus erklärt werden, in 9₅ aber ist der B-Text (B 46 55 319 Sixt) — gegen Rahlfs — in Analogie zu 5₆ und 9₂ mit der nicht gräzisierten Form, die auch hier den Akkusativ vertritt, *ὠλίσθη παρὰ Γαβαήλ*, als ursprünglich zu werten, die gräzisierte Form im Dativ der übrigen Zeugen aber als Angleichung an die Textform 𝔊ᴵᴵ zu bestimmen.

Die Namensform *Ραγουήλ*, die am häufigsten im Nominativ vorkommt, wird in 𝔊ᴵ konsequent, auch in anderen Casus, z.B. im Genitiv 3₇, im Dativ 10₇, ohne gräzisierte Endung überliefert, in 𝔊ᴵᴵ nur im Genitiv: 6₁₁ 7₁ 14₁₂ ₁₃, aber wie 1₁ 3₇ ₁₇ 9₆ 10₁₃ 11₁₅ zeigt, auch hier nicht konsequent, gräzisiert. Die singuläre gräzisierte Dativform im B-Text zu 6₁₁ *αυλισθησομεθα παρα ραγουηλω* B 583 muß darum als Angleichung an den gräzisierten Genitiv im Paralleltext von 𝔊ᴵᴵ gewertet werden. Ihr sekundärer Charakter ist auch dadurch erwiesen, daß in 𝔊ᴵ *αὐλίζεσθαι παρά* mit Akkusativ konstruiert wird.

Für die Stadt Rhagä kennen beide Textformen eine pluralische Form im Neutrum — *ἐν Ῥάγοις* 𝔊ᴵ ᴵᴵ in 4₁ ₂₀, 𝔊ᴵ in 11₄ 5₅ 9₂, 𝔊ᴵᴵ in 5₆ —; nur 𝔊ᴵ überliefert eine singularische — 6₁₀ *τῇ Ῥάγῃ* —, nur 𝔊ᴵᴵ eine pluralische Form im Femininum: *εἰς Ῥάγας* 9₂ und ₅. *ἐκ Ῥάγων* in 6₁₃ ist darum auf das beiden Textformen gemeinsame Neutrum zurückzuführen. Von hier her muß aber die offensichtliche Verschreibung im Codex Sinaiticus 5₆ *εις γαρρας*[1]) nicht mit Rahlfs nach 4₂₀ in *ραγα*, sondern nach 9₂ ₅ in *Ῥάγας* korrigiert werden.

Ein besonderes Problem ist die Überlieferung der altüberlieferten hebraisierenden Form *Ἰερουσαλήμ* neben der gräzisierenden *Ἱεροσόλυμα*, die innerhalb der LXX erst in den apokryphen Schriften Eingang gefunden hat, konsequent, mit lukianischer Wiedereinführung der hebraisierenden Form, in den ursprünglich griechisch geschriebenen Büchern (Mac II—IV), mit teilweiser Bezeugung in den Übersetzungstexten (Tob Esdr I Mac I)[2]). In Tob überliefert die Textform 𝔊ᴵᴵ abgesehen von 1₆, wo zweimal *εἰς Ἱεροσόλυμα* vorkommt, konsequent die hebraisierende Form *Ἰερουσαλήμ*. Nur in 1₆ überliefert auch Laᵂ eine mit Endung versehene deklinierte Form (*in hierosolimam* und *in hierosolima*), während die übrige lateinische Überlieferung — auch 𝔇 — durchgehend *hierusalem* bezeugt. In der Textform 𝔊ᴵ ist in überwiegendem Maß, in verschiedenen Casus, die gräzisierende Form überliefert, der gegenüber die schwache Bezeugung der hebraisierenden Form eindeutig rezensioneller Natur ist: in 1₇ (2°) 5₁₄ 13₉ *b*, in 14 14₄ *d*, in 1₆ *b d*[3]). Dieser Überlieferung steht aber die einhellig bezeugte hebraisierende Form in 1₇ 13₁₆ ₁₇ und 14₅ gegenüber. Dieser überlieferungsgeschichtliche Befund läßt sich in der Textform 𝔊ᴵᴵ, obwohl die einmalige Bezeugung der gräzisierenden Form in 1₆ auch durch Laᵂ beweist, daß hier nicht lediglich eine Sonderlesart des Codex Sinaiticus vorliegt, grundsätzlich auf einheitliche Überlieferung der hebraisierenden Form zurückführen, in der Textform 𝔊ᴵ aber auf eine Überlieferung beider Formen,

---

[1]) 319 hat hier einen verkürzten Text.
[2]) Vgl. TGE S. 58f.
[3]) Zuweilen begleitet von 71 126 535; in 13₈ hat *b* einen abweichenden Text.

die nach textgeschichtlichen Kriterien nicht harmonisiert werden kann. Hier liegt die Vermutung nahe, daß die je verschiedene Überlieferung in beiden Textformen mit ihrer je verschiedenen Entstehung zusammenhängen könnte. Die fast einhellig bezeugte hebraisierende Form in $\mathfrak{G}^{II}$ bestätigte dann die heute auch dokumentarisch nahe gelegte Tatsache, daß es sich bei $\mathfrak{G}^{II}$ um einen reinen Übersetzungstext handelt. Die Doppelüberlieferung in $\mathfrak{G}^{I}$ ließe sich mit einer Reproduktion und teilweisen Bearbeitung der vorgegebenen Textform $\mathfrak{G}^{II}$ erklären, die keine hebräischen Zwischenglieder mehr voraussetzt. Dabei ist zu beachten, daß die hebraisierende Form abgesehen von 1₇, wo die uneinheitlich überlieferte Konstruktion — mit $\varepsilon\iota\varsigma$, mit $\dot{\varepsilon}\nu$ und ohne Präposition —, die je verschiedene Casus erforderte, zum Wiedereindringen der endungslosen hebraisierenden Form führen mochte, auf die beiden letzten Kapitel beschränkt bleibt. Das läßt sich zwar nicht mit einem Prinzip des Verfassers von $\mathfrak{G}^{I}$ erklären — auch hier, sogar innerhalb des Liedes von Kapitel 13, stehen sich beide Formen gegenüber [1]) —, wohl aber mit der oft nachweisbaren Eigentümlichkeit von Bearbeitern, bei Alternativen, die nicht durch ein strenges Prinzip geregelt sind, in zunehmendem Maß die Form der Vorlage beizubehalten.

4.1.2. Appellativa

Bei einigen Verba und Nomina, die mit Wortvarianten überliefert sind, muß die Entscheidung über den ursprünglichen Text von der Frage ausgehen, ob das jeweils mit der Textform $\mathfrak{G}^{II}$ übereinstimmende Wort nach äußeren, überlieferungsgeschichtlichen, oder nach inneren, exegetischen Kriterien als ursprünglich beiden Textformen gemeinsamer Text oder aber als sekundäre Harmonisierung wahrscheinlich gemacht werden kann.

In 1₁₈ $\dot{\alpha}\pi\acute{\varepsilon}\kappa\tau\varepsilon\iota\nu\varepsilon\nu$ 2° = $\mathfrak{G}^{II}$] $\alpha\pi\omega\lambda\varepsilon\sigma\varepsilon\nu$ b c 55 488 535 Aeth⁻ᴿ Arm läßt sich diese Frage nicht mehr mit Sicherheit beantworten. Zwar ließe sich die im Ganzen besser, von den Rezensionen a d in Begleitung des B- (A- V-)Textes bezeugte Lesart vor allem aus dem Grund als sekundäre Angleichung an die Textform $\mathfrak{G}^{II}$ erklären, weil Wortvarianten im ursprünglichen Text der beiden Textformen, auch wenn es sich wie hier um Wiederholungen im gleichen Satz handelt, auch anderwärts nachgewiesen werden können [2]). Diesem Befund steht aber der andere gegenüber, daß Wortvarianten, die gegen die Textform $\mathfrak{G}^{II}$ stehen, in den beiden anderen Rezensionen, vor allem in c [3]), nicht selten sind. Den Ausschlag dafür, mit Rahlfs die besser bezeugte mit $\mathfrak{G}^{II}$ übereinstimmende Lesart als ursprünglich aufzunehmen, gibt die Feststellung, daß

---

[1]) 13₉ 14₄ gegenüber 13₁₆ ₁₇ 14₅.
[2]) Z.B. 3₈ $\mathfrak{G}^{II}$ $\dot{\alpha}\pi\acute{\varepsilon}\kappa\tau\varepsilon\nu\nu\varepsilon\nu$ ... $\dot{\alpha}\pi\omicron\kappa\tau\acute{\varepsilon}\nu\nu\omicron\upsilon\sigma\alpha$ $\mathfrak{G}^{I}$ $\dot{\alpha}\pi\acute{\varepsilon}\kappa\tau\varepsilon\iota\nu\varepsilon\nu$ ... $\dot{\alpha}\pi\omicron\pi\nu\acute{\iota}\gamma\omicron\upsilon\sigma\acute{\alpha}$ ($\alpha\pi\omicron\kappa\tau\varepsilon$-$\nu\omicron\upsilon\sigma\alpha$ d).
[3]) Vgl. S. 56.

in 𝔊^I die aktive Form ἀπολλύναι anderwärts nicht im Sinn des Tötens verwendet wird, sondern nur als Bezeichnung für das Verlieren des Augenlichts: 7₇ 14₂.

Ähnliche Argumente sprechen dagegen, in 5₁₁ mit dem B-Text (B 46 108 535), 249 und *d* πατρίδος an Stelle der von den übrigen bezeugten mit 𝔊^{II} (S 319) übereinstimmenden Lesart πατριᾶς in den Text aufzunehmen[1]). 𝔊^I kennt anderwärts nur πατριά: 1₉ (πατριδος 46) 5₁₂ 14. Bei Wiederaufnahme des Begriffs in 5₁₂ ist ein Wechsel der Wortbildung unwahrscheinlich, weshalb die Rezension *d* (mit 46) auch an dieser Stelle konsequent in πατρίδα ändert.

Dagegen dürfte in 2₁₃ κραυγάζειν] κραζειν B 402 *b d* 46 108 126 319 535, wo keine Anhaltspunkte für ein rezensionelles Eindringen der selteneren Bildung κραυγάζειν[2]) vorliegen, κραζειν der Rezensionen *b d* im Verein mit dem B-Text — gegen Rahlfs — als sekundäre Angleichung an die Textform 𝔊^{II} zu bestimmen sein.

In 3₈ ὠνάσθης B* (non 122) A 392 Sy Sa Aeth (vid) Arm (vid)] ωνομασθης (ον. 71 728 58 *d* 488) rel, wo nach Kontext und Konstruktion mit Genitiv beide Lesarten korrekt sind[3]), läßt sich die graphische Ähnlichkeit kaum anders denn als innergriechische Transformation erklären. Dann aber muß sowohl wegen der Seltenheit des Begriffs[4]) als auch wegen der Ungebräuchlichkeit der Form[5]) ὠνάσθης als die ursprüngliche Lesart gewertet werden. Hier liegt die doppelte Überlieferung auch in der Textform 𝔊^{II} vor. Obwohl nunmehr auch Hs. 319 zur altlateinischen Überlieferung tritt: ωνασθης (*fruita es* La)[6]), muß die Lesart ωνομασθης des Codex Sinaiticus auf Grund ihrer breiten Bezeugung in 𝔊^I auch innerhalb der Textform 𝔊^{II} auf eine nicht mehr erhaltene breitere Überlieferungsgrundlage zurückgeführt werden, die als Kriterium der sekundären Korrektur in 𝔊^I diente.

In 5₁₄ μεγάλης] καλης B *d* 46 108 Sixt; αγαθης Sy (vid; טב, sicut pro αγαθης praec) = 𝔊^{II} ist es — gegen Fritzsche und Rahlfs — wahrscheinlicher, daß in der vom B-Text begleiteten Rezension *d* sekundär ein Begriff aus dem analogen vorangehenden Ausdruck ἐκ γενεᾶς καλῆς καὶ ἀγαθῆς an dieser Stelle eingetragen worden ist, als daß die syntaktisch ferner liegende, dem Sinn nach aber dem Kontext noch besser entsprechende Zuordnung der Bezeichnung des Ahnherrn: Σεμαίου τοῦ μεγάλου zum Ausdruck ἐκ ῥίζης μεγάλης erst sekundärer Herkunft wäre.

Was den Gebrauch der Präpositionen anbetrifft, muß der B-Text, wo er nicht als Mitzeuge der Rezensionen erscheint, als zuverlässig und dement-

---

[1]) So auch P. Walters (Katz), The Text of the Septuagint, 1973, S. 310f.
[2]) In LXX nur Esdr II 3₁₃.
[3]) Zu ὀνομάζεσθαι vgl. S Tr 1105: ὁ τῆς ἀρίστης μητρὸς ὠνομασμένος, zu beiden Verben Helbing, Kasussyntax S. 135.
[4]) In LXX nur noch Sir 30₂: ὀνήσεται ἐπ' αὐτῷ.
[5]) Vgl. Tob Einl. S. 49.
[6]) An dieser Äquivalenz ist — gegen Fritzsche S. 39 — nicht zu zweifeln.

sprechend meist als Zeuge des ursprünglichen Textes gewertet werden. So muß die Formulierung ἐγενήθη λευκώματα εἰς τοὺς ὀφθαλμούς (-μοις B) μου in 2₁₀ bei B 583 gegen εν τοις οφθαλμοις der Übrigen mit Rahlfs nicht als sekundäre mechanische Angleichung an die vorangehende Formulierung in Verbindung mit dem Verbum ἀφώδευσαν, sondern als der ursprüngliche Text, der den Gebrauch der Präposition εἰς zur Bezeichnung der Ruhelage im Sinn von ἐν voraussetzt[1]), erklärt werden. Dem entspricht, daß der B-Text (B 46 Sixt) diesen Gebrauch auch in 1₇ τοῖς θεραπεύουσιν εἰς Ἰερουσαλήμ bezeugt, wo die Änderung von εἰς in εν bei V a 248 125 126 311 392 488 Sa als Rezension nach 𝔊II, die Tilgung bei den übrigen Zeugen vielleicht aus Unkenntnis oder bewußter Vermeidung des statischen Gebrauchs von εἰς zu erklären ist. Die feine Unterscheidung, die I. Soisalon-Soininen zwischen der in der Sprache der Koine allgemeinen sprachpsychologisch bedingten „unterschiedlichen Auffassung über ‚wo?‘ und ‚wohin?‘“ und dem mit Sicherheit erst in neutestamentlichen Schriften nachweisbaren unterschiedlosen Gebrauch von εἰς und ἐν zur Bezeichnung von Richtung und Ruhelage macht und für die älteren Bücher der LXX überzeugend nachweist[2]), wäre dann in der Textform 𝔊I, wo allenfalls der Ausdruck ἐγενήθη λευκώματα εἰς τοὺς ὀφθαλμούς μου, nicht aber der Ausdruck τοῖς θεραπεύουσιν εἰς Ἰερουσαλήμ durch eine unterschiedliche Auffassung über „wo?“ und „wohin?“ erklärt werden könnte, nivelliert worden, und damit läge ein weiteres Indiz für ein 𝔊II gegenüber späteres und innerhalb der LXX als ganzer spätestes Sprachstadium der Textform 𝔊I vor[3]).

Ähnlich ist die Bewahrung der Präposition ἐκ im B-Text als ursprünglich zu werten: in 14₃ ἀποτρέχειν ἐκ τοῦ ζῆν B 46 319 535 Sixt, wo die übrigen Zeugen mit απο an die Präposition des Compositum angleichen, in 7₃ τῶν αἰχμαλώτων ἐκ Νινευή B 46 108 319 Sy AethNFc Sixt, „Wir sind aus Ninive, aus den dort gefangenen Söhnen Napthalis“, wo die Zeugen 535 583 Sa Aeth⁻NFc mit der Präposition εις nicht im Sinn von ἐν sondern im Sinn „der Weggeführten nach Ninive“ umdeuten, die übrigen Zeugen mit εν, „die Gefangenen in Ninive“, aber die Lesart der Textform 𝔊II überliefern.

Hinsichtlich des Gebrauchs von Konjunktionen berechtigt der Analogiefall in 7₁₁ Οὐ γένομαι . . . ἕως ἄν (εαν μη 535) zu dem Schluß, daß in 8₂₀ μή

---

[1]) Vgl. Bauer s v εἰς 9, Bl.-Debr. 205, Johannessohn S. 333f.

[2]) ἐν für εἰς in der Septuaginta, VT 32 (1982) 190—200. Überzeugend ist auch die Feststellung des Sprachcharakters im 1. und 2. Makkabäerbuch. Zu den Beispielen, die nicht für den nivellierenden Gebrauch der Präposition εἰς in der Bedeutung „wo?“ in Anspruch genommen werden dürfen, muß in Mac II neben dem genannten 1₃₃ εἰς τὸν τόπον, οὖ τὸ πῦρ ἔκρυψαν . . . τὸ ὕδωρ ἐφάνη, auch 7₃₂ εἰς τὴν ἐμὴν ἐφάνητε κοιλίαν (vgl. MSU 7 (1961) 46f.) genannt werden.

[3]) Diesem Befund entspricht die Feststellung, daß die Textform 𝔊I auch die von I. Soisalon-Soininen der älteren LXX-Sprache mit Recht abgesprochene Verwendung der Präposition ἐν für die Bezeichnung der Richtung bei intransitiven Verben der Bewegung bereits kennt: 5₅ πορευθῆναι . . . ἐν Ῥάγοις (𝔊II πορευθῆναι εἰς Μηδίαν!); vgl. S. 58 Anm. 3, 71 Anm. 1 und Bauer s v ἐν 6.

ἐξελθεῖν . . . ἕως ἄν a b 126 Aeth Arm] μη εξ. . . . πριν 249; μη εξ. . . . εαν μη rel
dem Zusammengehen der Rezensionen *a* und *b* gegenüber der einhelligen Bezeugung durch die vom B-Text begleiteten übrigen Rezensionen der Vorzug
zu geben ist. Sekundäre Angleichung ist in solchen Fällen syntaktischer Art,
vor allem wenn der Analogiefall im Kontext weit abliegt, nicht anzunehmen,
wohl aber konsequente Bewahrung des gleichen Wortgebrauchs beim ursprünglichen Verfasser.

4.2. Satz

1. Dem Relativsatz in 3₃₋₄ 𝔊ᴵ μή με ἐκδικήσῃς . . . τοῖς ἀγνοήμασίν μου καὶ
τῶν πατέρων μου, οἳ ἥμαρτον ἐνώπιόν σου· παρήκουσαν γάρ . . . steht in 𝔊ᴵᴵ die
asyndetische Satzfolge gegenüber: μή με ἐκδικήσῃς . . . ἐν τοῖς ἀγνοήμασίν μου
καὶ τῶν πατέρων μου· ἥμαρτον ἐναντίον σου καὶ παρήκουσα . . . Diese Konstruktion, für die der Codex Sinaiticus als einziger Zeuge eintritt, ist aber innerhalb
der Textform 𝔊ᴵᴵ sekundär und aus der Umdeutung des auf die Väter bezogenen Plural der dritten Person ἥμαρτον auf den auf Tobit bezogenen Singular der ersten Person zu erklären, der auch die Änderung des folgenden παρήκουσαν in παρήκουσα mit sich brachte[1]). Mit diesem Subjektswechsel hängt die
Art und Weise zusammen, wie der in S asyndetisch angefügte Hauptsatz
ἥμαρτον . . . καὶ παρήκουσα in der übrigen Überlieferung durch ein Relativpronomen mit dem vorangehenden Satz verbunden wird. In 𝔊ᴵ bezieht die
Hauptmasse der Zeugen, zu denen die Rezensionen *a* und *b* gehören, das
Relativpronomen auf die Väter: οἳ ἥμαρτον. Diesen Text überliefern in 𝔊ᴵᴵ
der Korrektor des Codex Sinaiticus und die besten altlateinischen Zeugen
Laᴼᴾ. Ein Teil der 𝔊ᴵ-Zeugen stellt in je verschiedener Weise den relativen
Bezug zu den Sünden (der Väter) her: der B-Text (B 46 319 Sy(vid))
mit Akkusativ der Beziehung ἁ ημαρτον, die Rezension *c* (249′) mit instru-
mentalem Dativ οις ημαρτον, die Rezension *d* entsprechend dem B-Text aber
mit Subjektswechsel ἁ ημαρτομεν. Dieser relative Bezug dürfte die Vorlage
für die freie Wiedergabe in den altlateinischen Zeugen Laᴳᴿᴶᴹᵂ gewesen
sein, der B-Text oder die Rezension *c* für Laᴳᴿᴶ: *si quid peccaverunt*, die Rezension *d* für Laᴹᵂ: *quia peccavimus*; Laˣ scheint als Vorlage beide Relativ-
bezüge vorauszusetzen: *qui propter quod peccaverunt*. Von der Überlieferung
her wird die Entscheidung über den ursprünglichen Text zwischen der best-
bezeugten Lesart οἳ ἥμαρτον und der Lesart des B-Textes ἁ ἥμαρτον fallen
müssen. Die Lesarten οις ημαρτον 249′ und ἁ ημαρτομεν *d* sind rezensionelle
Eingriffe, die unabhängig voneinander auf den B-Text als Vorlage zurück-

---

[1]) Diese Änderung beweist, daß der Text von S nicht lediglich ein Fehler des Abschreibers ist, sondern innerhalb der Überlieferung von 𝔊ᴵᴵ eine eigentliche Textform darstellt. Die Textherstellung von 𝔊ᴵᴵ muß sich aber auf die Darbietung dieser von S überlieferten Gestalt der Textform 𝔊ᴵᴵ beschränken, auch dann, wenn sie, wie hier, als sekundär bestimmt werden muß (vgl. Tob Einl. S. 34).

gehen. Für die Ursprünglichkeit des Relativbezugs auf die Väter, οἳ ἥμαρτον, spricht aber abgesehen von der Bezeugung, nach der das Zusammengehen der Rezensionen *a* und *b*, vor allem wenn sie von Codices mixti begleitet werden, dem B-Text vorzuziehen ist, ein exegetisches Argument: der Relativbezug auf die Sünden ist im Kontext nur dann sinnvoll, wenn er beide im Hauptsatz genannten Urheber der Sünde, (τοῖς ἀγνοήμασίν) μου καὶ τῶν πατέρων μου, betrifft; das eben war der Grund für den von dieser bereits sekundären Vorlage her erforderten Subjektswechsel der Rezension *d* ἡμάρτομεν[1]). Der Relativbezug auf das Subjekt der Väter dagegen, οἳ ἥμαρτον, entspricht dem ursprünglichen Gedankengang: Er verweist auf den in 14-5 berichteten Abfall der Väter, der in einer anderen Art von Sünde besteht als diejenige, um derer willen Tobit für sich selbst um Vergebung bittet. Auch hier erscheint demnach der Korrektor des Codex Sinaiticus, der durch den Einschub des Relativpronomens οι und durch die Änderung der Verbalformen in die dritte Person des Plural (παρήκουσαν) dieses Verständnis auch in der Textform 𝔊ᴵᴵ herstellt, als Zeuge, dem die Textform 𝔊ᴵ als Kriterium seiner Bearbeitung in ihrer ursprünglichen Gestalt vorlag[2]).

2. In 46-7 geht es um die Alternative, ob der Ausdruck καὶ πᾶσιν τοῖς ποιοῦσιν τὴν δικαιοσύνην nach der traditionellen Interpunktion und Verseinteilung dem vorangehenden Satz zugeordnet werden muß: „Wenn du die Wahrheit tust, wird Gelingen in deinen Werken sein und allen denen, die Gerechtigkeit üben"[3]), oder der folgenden Aussage: „All denen, die Gerechtigkeit üben, erweise Barmherzigkeit aus dem, was du besitzest"[4]). In überlieferungsgeschichtlicher Hinsicht läßt sich die Frage nicht beantworten. In der Textform 𝔊ᴵᴵ setzt die — wahrscheinlich durch diese Schwierigkeit mitbedingte, aber durch Homoioteleuton erklärbare — Textverkürzung des Codex Sinaiticus die Zuordnung zum nachfolgenden Satz voraus, während die altlateinische Überlieferung nicht nur nach der tradierten Abgrenzung der Aussage, sondern in Laᴳ auch durch Einschub von *et* am Anfang von Vers 7 (*et ex substantia tua*) und in Laᵂ und Laˣ Spec 384 408 durch freie Wiedergabe[5]) die Zuordnung zum vorangehenden Satz fordert[6]). Die Auslassung des in Frage stehenden Ausdrucks bei Cyprian ist nicht als Bewahrung des ursprünglichen altlateinischen Textes[7]) sondern bereits als Behebung der Schwierigkeit zu erklären,

---

[1]) Dieses Verständnis liegt auch in der Vulgata (33-4) vor.

[2]) Fehlerhaft ist hier die Textherstellung von Rahlfs, der als Lesung des Korrektors nur den Einschub von οι, nicht die daraus notwendig folgende Änderung von παρήκουσα in παρήκουσαν notiert und als ursprünglichen Text von S den Einschub von οις postuliert: Tobit hat nicht mit den Sünden der Väter gesündigt.

[3]) So Simpson, Miller, Stummer.

[4]) So K. D. Ilgen, Die Geschichte Tobi's, 1800, S. 50f. Anm. q.

[5]) S. App. Der abweichende Text von 319 zeigt die Schwierigkeit an, gibt aber keinen Aufschluß über das Verständnis.

[6]) Daß dieses Verständnis auf alter Tradition beruht, zeigt Lucifer (de Ath 133), der das Zitat mit dem Ausdruck *et omnibus qui faciunt iustitiam* enden läßt.

[7]) So vorsichtig Ilgen, a. a. O.

die dann in $\mathfrak{D}$ zur Ausmerzung des ganzen Verses 6 führt. In der Textform $\mathfrak{G}^{\mathrm{I}}$ ist das Verständnis der alten Übersetzungen unterschiedlich: Sa zieht den Ausdruck zum vorangehenden Satz, Sy[1]) und Arm bleiben neutral, und Aeth löst das Problem durch eine freie Paraphrase. In exegetischer Hinsicht bleibt der Bezug zum vorangehenden Kontext schwer erklärbar. Syntaktisch könnte der Ausdruck καὶ πᾶσιν τοῖς ποιοῦσιν τὴν δικαιοσύνην nur dem voranstehenden Personalpronomen σου gleichgeordnet werden, was korrekt formuliert eine Genitivkonstruktion erfordern würde und den untragbaren Sinn ergäbe, daß das wahrhaftige Tun Tobits nicht nur ihm selbst, sondern allen Wohlergehen bringt, die Gerechtigkeit üben. Die Formulierung im Dativ könnte darum nur als syntaktische Fehlkonstruktion in dem Sinn verstanden werden, daß die Gerechtigkeit Tobits ihm selbst zum Wohl gereicht, wie die Gerechtigkeit aller, die sie üben, zu i h r e m Wohl[2]). Diesem Verständnis, das für die Textform $\mathfrak{G}^{\mathrm{I}}$ vor allem dann nicht auszuschließen ist, wenn man ihre Formulierung als innergriechische Umdeutung eines vorgegebenen Textes erklären will, steht aber die andere exegetische Möglichkeit der Zuordnung zum folgenden Kontext gegenüber, die aus dem Grund als die ursprüngliche Aussage bewertet werden muß, weil sie der theologischen Intention dieses Zeugnisses entspricht: Daß Barmherzigkeit denen zu erweisen sei, die selbst Gerechtigkeit üben, entspricht sowohl der Intention des Befehls an Tobias in 2₂, diejenigen unter den bedürftigen Brüdern zum Gastmahl zu rufen, „die des Herrn eingedenk sind", als auch der in ihrer Bedeutung nicht völlig geklärten Aussage in 4₁₇ „Dein Brot spende beim Grab der Gerechten; gib es nicht den Sündern".

3. Die Frage, ob im Lobgesang Tobits 13₄ c d die beiden Glieder des Parallelismus nach der älteren Tradition so abgegrenzt werden müssen, daß ὁ θεός als Subjekt des zweiten Satzgliedes erscheint: „Denn er ist unser Herr, und er, Gott selbst, ist unser Vater in Ewigkeit", oder mit Rahlfs so, daß ὁ θεός als Prädikat dem ersten Glied zugeordnet wird: „Er ist unser Herr und Gott, er ist unser Vater in Ewigkeit", läßt sich nach exegetischen Gesichtspunkten nicht beantworten. Überlieferungsgeschichtlich steht der von Rahlfs hergestellte Text der Textform $\mathfrak{G}^{\mathrm{II}}$, vor allem in ihrer altlateinischen Gestalt[3]), näher. Aber diese Verwandtschaft läßt sich aus zwei textgeschichtlichen Gründen eher als sekundäre Angleichung an $\mathfrak{G}^{\mathrm{II}}$ erklären: (1) Die Determination von θεός mit dem Artikel, deren Aufhebung im B-Text (B V 74′-370ˢ 126 311 319 Sixt Ra.) als Korrektur nach $\mathfrak{G}^{\mathrm{II}}$ erklärt werden muß, spricht dagegen, daß dieser Ausdruck im ursprünglichen Text von $\mathfrak{G}^{\mathrm{I}}$ neben den nicht determinierten Begriff κύριος ἡμῶν geordnet war. (2) Die Tilgung des zweiten αὐτός durch die Rezension a (mit 249′ 55 126 318 392 488) setzt ein Verständnis

---

[1]) כלהון; nur Sy^{P} stellt mit לכלהון den eindeutigen Bezug zum vorangehenden Satz her.

[2]) So Houbigant S. 559: *ut et omnibus iis qui iustitiam colunt.*

[3]) S. App.

voraus, nach dem ὁ θεός Subjekt des zweiten Satzgliedes sein muß und beweist damit, daß diese Abgrenzung der Satzglieder von der ältesten uns noch faßbaren Tradition vertreten wird.

4.3. Zusätze und Auslassungen

Bei inhaltlichen Zusätzen, die der Verdeutlichung einer Aussage dienen, muß meist der B-Text, wofern er nicht als Mitzeuge einer Rezension bestimmt werden kann, als Träger der ursprünglichen kürzeren Textform gewertet werden, während die Texterweiterungen gewöhnlich auf sekundären Einfluß der Textform 𝕲^{II}, zuweilen auch auf von anderer Überlieferung unabhängige Textverdeutlichung zurückzuführen sind. Die wichtigsten Beispiele sind:

12₅ fin B A 55 311 318 319 392 535 Sy⁰ Arm] + καὶ υπαγε (om και υπ. Sa^B) υγιαινων rel = 𝕲^{II} 3₉ τί ἡμᾶς μαστιγοῖς B A c 55 311 318 392 488 Sa Arm Sixt] + περι αυτων (propter viros tuos Sy = 𝕲^{II}) rel: cf 𝕲^{II} 5₁₄ εἶπεν αὐτῷ (> Sy^{E*T}) B A 55 108 311′ 318 392 535 583 Sy Aeth Sixt = S 319] ειπεν αυτω (> b d) τωβιτ (-βητ a 248-381-731^c 249 46 126) rel = La   7₇ ὁ τοῦ . . . ἀνθρώπου B A 55 108 318 319 392 Sy: cf 𝕲^{II} (ὁ τοῦ . . . πατρός S)] ο του . . . ανθρωπον (> 249) υιος rel.

Die gleichen Prämissen sprechen auch dafür, in 12₁₇ εἰς τὸν αἰῶνα B A 46 311 319 535 583 Sy⁰ Sixt] εις τον απαν[τα] αιωνα 990: cf 𝕲^{II}; pr (add Sa^B) in omnes dies (+ dierum Sa^B) Sa: cf 18 19; > rel mit dem B-Text die erweiterte Textform als ursprünglich aufzunehmen. Der älteste Zeuge 990 beweist ihre Existenz in der Gestalt der Textform 𝕲^{II} schon im dritten Jahrhundert. Der von den übrigen Zeugen gebotene verkürzte Text geht auf die spätere Überlieferung zurück, die in der Textform 𝕲^{III} (d Sy) erhalten geblieben ist.

Anders ist aber die Überlieferung in 14₃ τὸν υἱὸν αὐτοῦ καὶ τοὺς ἐξ υἱοὺς τοῦ υἱοῦ αὐτοῦ] τον υιον αυτου και τους υιους (filium Arm^{te}) του υιου (filiorum Aeth^{-R}) αυτου V Aeth Arm; τον υιον αυτου και τους εξ υιους αυτου A Sa; τον υιον αυτου και τους υιους αυτου B a 46 55 318 319 392 Sixt Ra.: cf 𝕲^{II} zu bewerten. Inhaltliche Texterweiterungen, die nicht nur Verdeutlichungen sind, sondern ein neues Element in die Erzählung bringen, wie hier die Anzahl der Enkel Tobits, können nicht als von anderer Überlieferung unabhängige Rezensionselemente erklärt werden. Eintragung aus anderen Vorlagen ist hier aber aus dem Grund unwahrscheinlich, weil die Überlieferung der Textform 𝕲^{II} in ihrer altlateinischen, auch von der Vulgata übernommenen[1]) Gestalt, eine andere Zahl bezeugt: et septem filios eius[2]). Der um den Begriff ἐξ υἱούς verkürzte Text muß

---

[1]) D₅.

[2]) Das einzige Geheimnis, das J. T. Milik aus den von ihm gehüteten Tobittexten von Qumran bisher preisgegeben hat, ist die Mitteilung, daß sie an dieser Stelle mit La und D von sieben Söhnen berichten (Dix ans de découvertes dans le désert de Juda, Paris 1957, S. 29 (für „Tob. 13,3" lies 14,3)).

darum — gegen Rahlfs — als rezensionelle Annäherung der auch vom B-Text mitgetragenen Rezension *a* an die vom Codex Sinaiticus überlieferte Gestalt der Textform $\mathfrak{G}^{II}$ bestimmt werden.

Auch bei Zusätzen bzw. Auslassungen von Pronomina muß grundsätzlich der B-Text, wofern er nicht eine Rezension mitbezeugt, als Bewahrer des Ursprünglichen gelten. Bei der Infinitivkonstruktion 4₁₆ ἐν τῷ ποιεῖν σε ἐλεημοσύνην B 64-381-728 46 55 108 318 392 Ald Sixt] om σε rel (deest a^{-542} *c* 106 488 746 Sy Aeth Arm) beweist die Überlieferung der gleichen Formulierung in v. ₇, wo nur die Zeugen A 74′ 98-243-248-731 46 311 318 583 Compl (non Ald) das Pronomen σε auslassen, daß der B-Text, der hier von der Untergruppe der Rezension *b* begleitet ist, die bei gespaltener Überlieferung gewöhnlich den ursprünglichen Text bezeugt, allein konsequent das Ursprüngliche bewahrt. Dementsprechend muß auch der nur vom B-Text überlieferte Verzicht auf die pronominale Bestimmung beim Begriff πατήρ in 5₇ πατρί B 249 46 55 392 Sixt] + μου rel = $\mathfrak{G}^{II}$ im Blick auf die Analogiefälle ₉ πατρί] + αυτου *a* 108 126 535 583 Sy Sa Aeth = $\mathfrak{G}^{II}$ D₁₀ 6₁₅ πατρί] + μου V *a c* 126 311′ 392* 488 535 Sy Sa Aeth Arm = $\mathfrak{G}^{II}$ 8₂₁ πατέρα] + *eius* Sy° Sa Aeth; + *tuum* Arm = $\mathfrak{G}^{II}$, gegen Rahlfs als ursprünglich, der Zusatz des Pronomens als rezensionelle Angleichung an die Textform $\mathfrak{G}^{II}$ gewertet werden. Die gleiche Stileigentümlichkeit bei gleicher Bezeugung liegt vor in 11₁₀ υἱός B A V 46 55 311 318 319 392 535 583 Arm] + αυτου rel, wo die Textform $\mathfrak{G}^{II}$ als Vorlage der Rezension ausfällt. Dagegen ist in 7₇ ὀφθαλμούς] + αυτου (εαυτου B Sixt) B V 370ˢ *b* 249′ 126 Sa Arm(vid), wo ebenfalls eine von $\mathfrak{G}^{II}$ unabhängige rezensionelle Verdeutlichung vorliegt, der B-Text — gegen Rahlfs — als Mitträger der Rezensionen *b* und *c* zu werten[1]).

Ein stilistischer Sonderfall ist die Frage der Wiederholung von Pronomina bei nebengeordneten Ausdrücken. Nach den stilistischen Untersuchungen I. Soisalon-Soininens und seiner Schüler[2]) ist die im griechischen Sprachgebrauch reguläre Nennung des Pronomens nur im ersten Glied nebengeordneter Ausdrücke in Büchern, die sich einer freieren Übersetzungstechnik bedienen, weitgehend durchgedrungen, meist aber von der hexaplarischen Rezension nach dem hebräischen Original, das sprachgesetzlich die Wiederholung fordert, korrigiert worden. Diese Ergebnisse lassen sich, unter Ausgrenzung ihrer mannigfachen stilistischen Differenzierungen, für die Tobitüberlieferung insofern auswerten, als hier in der mit größerer Sicherheit als reiner Übersetzungstext zu bestimmenden Textform $\mathfrak{G}^{II}$ die Wiederholung

---

[1]) Zum Zeugenwert des B-Textes beim Pronominalgebrauch vgl. auch Est Einl. S. 47f.

[2]) I. Soisalon-Soininen, Der Charakter der asterisierten Zusätze in der Septuaginta, Helsinki 1959, S. 99f., vgl. auch seinen Beitrag zur Festschrift für I. L. Seeligmann (im Druck); briefliche Mitteilungen; R. Sollamo, Renderings of Typical Hebrew Repetitions in the Septuagint of the Pentateuch (bisher ungedruckt).

des Pronomens vorherrscht, während die einmalige Nennung zwar nicht konsequent aber oft in die teilweise wahrscheinlich auf innergriechischer Bearbeitung beruhende Textform $\mathfrak{G}^{I}$ eingedrungen, meist dann aber nach der Textform $\mathfrak{G}^{II}$ sekundär korrigiert worden ist. Ein solcher Fall liegt vor in 1₃ τοῖς ἀδελφοῖς μου καὶ τῷ ἔθνει] + μου A V b c 46 535 583 Aeth Arm = $\mathfrak{G}^{II}$, ähnlich in 5₁₄ τὴν φυλήν σου καὶ τὴν πατριάν] + σου B* (non 122) 98-243-248-731 Aeth Ald Compl Sixt Ra.: cf $\mathfrak{G}^{II}$, wo zwar in $\mathfrak{G}^{II}$ kein Ausdruck mit wiederholten Pronomina vorliegt, wohl aber der Ausdruck τὴν πατριάν σου, der als angleichendes Rezensionselement der von B* begleiteten Rezension b erst im sekundären Text von $\mathfrak{G}^{I}$ die Wiederholung bewirkt. Die Regel scheint durchbrochen z.B. in 7₈ Ἔδνα ἡ γυνὴ αὐτοῦ καὶ Σάρρα ἡ θυγάτηρ αὐτοῦ (αὐτοῦ 1° ⌒ 2° V a⁻⁵⁴²; αὐτοῦ 2°] eorum Sy = $\mathfrak{G}^{II}$) und 14₁₂ μετὰ τῆς γυναικὸς αὐτοῦ καὶ τῶν υἱῶν αὐτοῦ] om αὐτοῦ 1° 71 318; om αὐτοῦ 2° A b 46 55 319 535 Sy°, wo es sich aber insofern um Sonderfälle handelt, als sich beim zweiten Pronomen die Alternative zwischen dem Singular αὐτοῦ (seine, Tobits, Tochter, bzw. seine, des Tobias, Söhne) und dem Plural αὐτῶν (ihre, des Raguel und der Edna Tochter; bzw. ihre, des Tobias und der Sarah, Söhne) bietet, die in 7₈ auch die beiden Textformen in ihrer ursprünglichen Gestalt voneinander unterscheidet.

Auf Grund dieser textgeschichtlichen Voraussetzung erscheint es berechtigt, an drei Stellen die vom B-Text bezeugte Stilform der einmaligen Setzung des Pronomens im ersten Glied als ursprünglichen Text der Textform $\mathfrak{G}^{I}$ aufzunehmen: 1₁₀ οἱ ἀδελφοί μου καὶ οἱ ἐκ τοῦ γένους B 314 319] + μου rel Ra. = $\mathfrak{G}^{II}$ 1₁₇ τοὺς ἄρτους μου . . . καὶ τὰ (> B 46 319 Or ad Afr 43 Sixt = $\mathfrak{G}^{II}$) ἱμάτια B 46 318 319 392 Sy Or ad Afr Sixt] + μου rel Ra.   4₁₉ αἱ ὁδοί σου . . . καὶ πᾶσαι αἱ τρίβοι καὶ βουλαί (sic B 249 Sixt; αι β. rel)] αι οδοι σου . . . και π. αι τριβοι σου και αι βουλαι a 249 108 311'; αι οδοι σου . . . και π. αι τριβοι σου (> 46) και αι βουλαι σου b 46 Sa Aeth Arm; αι οδοι σου . . . και π. αι τριβοι σου V = 319.

Ein ähnliches stilistisches Phänomen wie der Gebrauch der Pronomina sind die Zusätze bzw. Auslassungen der Partikel καί. Hier müssen zunächst zwei textgeschichtliche Befunde berücksichtigt werden, die sich aus der Überlieferung anderer Bücher ergeben haben: 1) Der B-Text erscheint in der Setzung der Partikel καί unsicher[1]). 2) Die Rezension a tendiert stärker zur Auslassung des wiederholten καί[2]).

Ein Sonderfall, der aber von diesen überlieferungsgeschichtlichen Prämissen her seine Erklärung findet, scheint in 3₁₄ ἁμαρτίας ἀνδρός] αμαρτιας (ακαθαρσιας d 583 = $\mathfrak{G}^{II}$) και ανδρος B* (non 122) V c d 46 55 108 311* 318 392* 535 583 vorzuliegen. Die vom B-Text mitsamt den Rezensionen c und d überlieferte Einfügung von και in der Bedeutung von „auch" könnte zuerst sowohl über-

---

[1]) Vgl. TGE S. 95f., TGI S. 96f.
[2]) Vgl. zu q Mac II Einl. S. 24, Mac III Einl. S. 28.

lieferungsgeschichtlich, als der von der Textform 𝕲^{II} abweichende Text, als auch exegetisch, als die im Kontext sinnvolle Lectio difficilior, den Eindruck des Ursprünglichen erwecken: „Du weißt, Herr, daß ich rein bin von einer jeden Verfehlung, auch von einer solchen mit einem Mann." Exegetisch spricht aber gegen diese Lösung, daß es im Gebet der Sarah nicht zuerst um die allgemeine Schuld gegenüber Gott geht, sondern um den besonderen Vorwurf der Verschuldung gegenüber ihren verstorbenen Männern (v. 7-8), und überlieferungsgeschichtlich spricht für die Ursprünglichkeit des mit 𝕲^{II} übereinstimmenden Textes sowohl der für dieses Phänomen geringer anzusetzende Zeugenwert des B-Textes, als auch das Zusammengehen der Rezensionen *a* und *b*, das auch dann, wenn die so bezeugte Lesart mit der Textform 𝕲^{II} übereinstimmt, dem B-Text gegenüber höher gewertet werden muß[1]) und nicht als Angleichung an 𝕲^{II} erklärt werden kann.

Anders muß aber von Überlieferung und Bedeutung im Kontext her die Setzung der Partikel *καί* im Sinn von „auch" in 10₁₃ *ἐπορεύετο καὶ Τωβίας εὐλογῶν τὸν θεόν* erklärt werden, wo die von Rahlfs befürwortete Tilgung nur in den Zeugen 249 535 Sy⁰ und durch Umstellung in der Rezension *a* (V *a*⁻⁷¹ 488, ähnlich in 71 126) überliefert ist. Die Partikel „auch" bezieht sich in erster Linie auf das folgende Partizip *εὐλογῶν* und verweist auf das Lob Gottes, das zuvor Raguel und Edna ausgesprochen hatten (v. 11ff.): „Danach ging auch Tobias, auch er Gott lobend, hinweg"[2]).

Exegetisch und textgeschichtlich schwer zu bestimmen ist bei uneinheitlicher Überlieferung Setzung oder Auslassung der Partikel *καί* in der Wiederholung bei nebengeordneten Ausdrücken. Das Problem stellt sich im Tobitbuch bei mehrgliedrigen Aussagen sprichwörtlicher oder poetischer Art, ein Bereich, den die Untersuchungen von A. Aejmelaeus zu diesem Problem im Pentateuch nur am Rand berühren konnten[3]). Die Entscheidung wird in exegetischer Hinsicht hier, wo die Möglichkeit des Vergleichs mit der hebräischen Vorlage ausfällt, in erster Linie von der logischen Zuordnung der Satzglieder her gefällt werden müssen. Die Partikel *καί* gewinnt in der Sprache der LXX auf Grund ihrer häufigen Verwendung als Äquivalent für das ו-copulativum differenziertere semantische Bedeutung. Für die hier in Frage kommenden Fälle konzentrieren sich die von A. Aejmelaeus herausgestellten Möglichkeiten der Bedeutung[4]) auf die wichtigste Funktion einer in irgendeiner Weise synthetischen Zuordnung der mit *καί* verbundenen Aussagen, dergegenüber eine synonyme Aussagefolge im Parallelismus membrorum auch asyndetisch gereiht werden kann:

---

[1]) Vgl. den analogen Gebrauch von *καί* in der Bedeutung „auch" im B-Text und die gleiche Textentscheidung in Jdt 15₃ (TGI S. 96f.).

[2]) Vgl. Fritzsche zur Stelle.

[3]) Parataxis in the Septuagint, A Study of the Renderings of the Hebrew Coordinate Clauses in the Greek Pentateuch, 1982; zum vorliegenden Problem vor allem S. 83ff.

[4]) S. 13ff.

1. 4₅ καὶ μὴ θελήσῃς] om καί B 55 126 Sy⁰ᵃ = Laᵂ. Die vier Aussagen bilden je zwei einander zugeordnete inhaltlich sich entsprechende Glieder, in denen sich Affirmation und Negation ablösen: κυρίου τοῦ θεοῦ ἡμῶν μνημόνευε καὶ μὴ θελήσῃς ἁμαρτάνειν καὶ παραβῆναι τὰς ἐντολὰς αὐτοῦ· δικαιοσύνην (pr και A 71 b 249' 311 488 Aeth; pr sed Arm) ποίει ... καὶ μὴ πορευθῇς ταῖς ὁδοῖς τῆς ἀδικίας.

2. 4₁₂ καὶ μὴ λάβῃς γυναῖκα ἀλλοτρίαν] om καί B V a d 46 55 318 392 488 Sy Sa Sixt Ra. Die Zuordnung zur vorangehenden positiven Formulierung im synonymen Parallelismus καὶ γυναῖκα πρῶτον λάβε ἀπὸ τοῦ σπέρματος τῶν πατέρων σου fordert wegen der Negation die syndetische Verbindung mit καί.

3. 4₁₄ καὶ ἐὰν δουλεύσῃς τῷ θεῷ] εαν δε δ. τω θεω d; om καί B Sy Sa Armᵗᵉ Sixt. Der Sinnzusammenhang bedarf einer Verbindung mit der vorangehenden Aussage: Dem Lohnverhältnis im irdischen Bereich steht, es begründend, der Lohn gegenüber, den Gott dem, der ihm dient, zuteil werden läßt.

4. 8₁₅ εὐλογείτωσάν σε οἱ ἅγιοί σου καὶ πᾶσαι αἱ κτίσεις σου καὶ πάντες οἱ ἄγγελοί σου καὶ οἱ ἐκλεκτοί σου, εὐλογείτωσάν σε εἰς τοὺς αἰῶνας] om καί 2° B a 55 318 319 392 488 Sy⁰. Die Tilgung der die beiden Glieder verbindenden Partikel καί wäre nur dann möglich, wenn es sich um einen synonymen Parallelismus membrorum handelte. Aber synonym ist nur das Prädikat εὐλογείτωσάν σε (εἰς τοὺς αἰῶνας)[1]. Die Subjekte bewirken eine synthetische Aussage in dem Sinn, daß es sich in den je zwei einander gegenübergestellten Wesen um die gleichen Instanzen handelt, die aber in je verschiedener Weise charakterisiert werden: Den Heiligen und der ganzen Schöpfung Gottes im ersten Glied stehen im zweiten, in chiastischer Ordnung, die Engel und die Erwählten Gottes gegenüber. Den Erwählten Gottes entsprechen die Heiligen als die Repräsentanten des Volkes Israel, den Engeln alle geschaffenen Wesen als Repräsentanten der Schöpfung als ganzer. Das Verhältnis ist das von Partikularismus und Universalismus. Aber die Begriffe für die je sich entsprechenden Instanzen sind nicht synonym: Die Erwählten (ἐκλεκτοί) bedeuten das irdische, die Heiligen (ἅγιοι) das erlöste Israel[2]. Die geschaffenen Wesen (πᾶσαι αἱ κτίσεις) sind die Repräsentanten der ganzen Schöpfung, die Engel (πάντες οἱ ἄγγελοι) die Repräsentanten der himmlischen Welt. Die die je zwei Instanzen verbindende Partikel καί zeigt diesen neuen Gehalt der zweiten Aussage an: ,,Und alle deine Engel (die himmlische Welt) mitsamt deinen Erwählten (dem irdischen Israel), sie sollen dich loben in Ewigkeit.''

---

[1]) Die Interpunktion fordert darum — gegen Compl, Swete, Br.-M., Fritzsche, Rahlfs — vor dem zweiten εὐλογείτωσάν σε ein Komma; richtig Ald Sixt.

[2]) Daß ,,die Heiligen''. auch hier Israel und nicht Engelwesen bedeuten müssen, ist daraus ersichtlich, daß bei anderer Bedeutung die Korrespondenz der vier Glieder zerstört wäre. Diese Bedeutung ergibt sich auch notwendig aus 12₁₅: Die sieben Engel bringen die Gebete der Heiligen vor den Heiligen. Vgl. R. Hanhart, Die Heiligen des Höchsten, in: Hebräische Wortforschung, F. S. W. Baumgartner, Leiden 1967, S. 90—101.

Die gleiche überlieferungsgeschichtliche Lage — Tilgung der Partikel *καί* durch den B-Text und die Rezension *a* (B *a*⁻⁷¹ 55 126 319 392) — nötigt dazu, auch in dem synonymen Parallelismus membrorum mit dem in beiden Gliedern gleichen, nicht genannten Subjekt der angeredeten zweiten Person im Plural in 12₆ — gegen Rahlfs — die Verbindung der beiden Glieder mit *καί* als ursprünglich aufzunehmen: *καὶ μεγαλωσύνην δίδοτε αὐτῷ*.

4.4. Syntax

4.4.1. Verbum

1. Innerhalb des **Tempuswechsels** bedarf die Alternative zwischen Imperfekt und Aorist für die Bezeichnung wiederholter Handlungen in der Vergangenheit einer besonderen Untersuchung[1]). In der Tobitüberlieferung scheint sich die Wahl des Tempus auch dann, wenn eine adverbiale Zeitbestimmung, die gewöhnlich den Aorist mit sich bringt, eingefügt ist, in starkem Maß nach der Art und Weise der mit dem Verbum bezeichneten Handlung zu richten. Am deutlichsten zeigt das der in dieser Hinsicht einhellig überlieferte Satz 12₁₉ *πάσας τὰς ἡμέρας ὠπτανόμην ἡμῖν, καὶ οὐκ ἔφαγον οὐδὲ ἔπιον, ἀλλὰ ὅρασιν ὑμεῖς ἐθεωρεῖτε*[2]): Die Verben des Sehens drücken auch innerhalb der Zeitbestimmung *πάσας τὰς ἡμέρας* einen dauernden Zustand aus, der die Erscheinung des Engels betrifft und stehen darum im Imperfekt; die Verben „Essen" und „Trinken" bezeichnen innerhalb des gleichen Zeitraums wiederholte Handlungen und werden als solche mit dem Aorist gekennzeichnet[3]). Entsprechend muß demnach der Text in 1₃ hergestellt werden: *ὁδοῖς ἀληθείας ἐπορευόμην καὶ δικαιοσύνης πάσας τὰς ἡμέρας τῆς ζωῆς μου καὶ ἐλεημοσύνας πολλὰς ἐποίησα*. Das Wandeln in den Wegen der Wahrheit ist der dauernde Zustand, das Üben von Barmherzigkeit ist die wiederholte Handlung während der ganzen Zeit von Tobits Leben. Die Übereinstimmung dieses Tempusgebrauchs mit der Textform 𝔊ᴵᴵ ist ursprünglich, die Lesart *εποιουν* der Zeugen V *b c* rezensionelle Angleichung an das vorangehende Imperfekt *ἐπορευόμην*. Als wiederholte Handlung innerhalb eines umgrenzten Zeitraums ist auch in den Aussagen 1₁₈ *εἴ τινα ἀπέκτεινεν*, wo die konditionale Konjunktion temporal geprägt ist: „immer wann", und 3₈ *ἀπέκτεινεν*, wo die anschließende Infinitivkonstruktion mit *πρὶν ἤ* die zweite Grenze setzt, der Aorist erfordert und die Form als Aorist zu verstehen, die Imperfektform *απεκτε(ν)νεν* aber in 1₁₈ (*απεκτεννε(ν)* V 236-

---

[1]) Vgl. TGI S. 104.

[2]) Die rezensionelle Änderung des Imperfekts *ἐθεωρεῖτε* in das Präsens *θεωρειτε* (s. App.) berührt das vorliegende Problem nicht; es ist eine inhaltliche Umdeutung: „Ihr seht im gegenwärtigen Augenblick eine Vision."

[3]) Vgl. auch 11₁₉ *ἤχθη ὁ γάμος* . . . *ἑπτὰ ἡμέρας* omnes, wo der Aorist das innerhalb dieses Zeitraums „zum Abschluß gekommene Ganze" (Bl.-Debr. 332, 13. Aufl.) bezeichnet.

314-542-762 64-381-728 535 Ald Sixt; -κτενε(ν) 130-402 98 (vid)-243-248-731 46) als unreflektierte Angleichung an den vorangehenden Satz, in 3₈ (απεκτεννεν 236-542 = 𝕲ᴵᴵ; -κτενεν V 71-74'-130ᶜ-314 d 52 392 = 319) als Angleichung an die Textform 𝕲ᴵᴵ zu erklären[1]). Diese Textherstellung wird überlieferungsgeschichtlich dadurch gestützt, daß unter ihrer Voraussetzung der Textform 𝕲ᴵ ein einheitlicher Gebrauch des Verbums ἀποκτείνειν zugeschrieben werden kann, der die Spätform ἀποκτέ(ν)νειν nicht kennt oder bewußt vermeidet. Als dauernden Zustand innerhalb eines genannten Zeitraums und darum im Imperfekt formuliert muß die in beiden Textformen gleichlautende Aussage 10₁ ἐλογίζετο ἑκάστης ἡμέρας (ἑκάστην δὲ ἡμέραν ἐξ ἡμέρας ἐλογίζετο 𝕲ᴵᴵ) verstanden werden; ελογισατο des B-Textes (B 46 Sixt) ist unreflektierte Anpassung an die Aoristformen im Kontext[2]).

2. Relativ- bzw. Temporalsätze mit (ἐ)άν werden im Buch Tobit gewöhnlich mit dem Konjunktiv des Aorist konstruiert: 2₂ ὅν (ἐ)ὰν εὕρῃς omnes = 𝕲ᴵᴵ 4₁₄ ὃς (ἐ)ὰν ἐργάσηται (εργα 583) omnes = 319   8₂₀ ἕως ἂν πληρωθῶσιν omnes 13₅ οὗ ἐὰν σκορπισθῆτε: cf 𝕲ᴵᴵ[3]). Diese Wahl des Tempus ist darum auch bei der schwer durchschaubaren Überlieferung in 4₁₆ ὃ ἐὰν περισσεύσῃ B V 98-248-731 c d (106*) 55 535 583 Compl Sixt] ο εαν περισσευη rel (cum var) als ursprünglich anzunehmen.

3. In 8₇ stellt sich die Frage, ob eine finale Infinitivkonstruktion mit zwei durch καί verbundenen Infinitiven vorliege, oder ob das zweite Glied mit Verbum finitum in einer futurischen Aussage formuliert sei: ἐπίταξον ἐλεῆσαί με καὶ ταύτῃ συγκαταγηρᾶσαι: cf 𝕲ᴵᴵ. συγκαταγηρᾶσαι B 248 46 Compl Sixt = 𝕲ᴵᴵ] σ. μοι c 488 535; σ. με V 71 98; συγγηρασαι με 108; γηρασαι με 319; συγκαταγηρασομαι A a⁻⁷¹ 55 392 583 Syᵒ Arm; γηρασομαι 126; συγκαταγηρασομεν 64-243-728-731 Aeth: cf La; συγκαταγηρασον με 381 318. Zunächst könnte der Übergang in die finite Formulierung sowohl auf Grund ihres Charakters als Lectio difficilior als auch auf Grund ihrer Bezeugung in allerdings je verschiedener Form, im Singular der ersten Person durch die Rezension a mitsamt selbständigen Codices mixti, im Plural durch einen Teil der Rezension b,

---

[1] Die je verschiedene Bezeugung spiegelt die je verschiedene Motivierung der Textänderung wider. Das Zusammengehen der Rezensionen a und b in 1₁₈ nötigt auch hier nicht zum Schluß auf gegenseitige Abhängigkeit. Mitspielen mag das sprachgeschichtliche Element der Einführung einer Spätform (vgl. Esdr I Einl. S. 48).

[2]) Eine beiden Textformen gemeinsame subtilere Unterscheidung von dauerndem Zustand, der Imperfekt, und wiederholter Handlung, die Aorist fordert, zeigt sich in der Aussage von Vers 1₁₇ in ihrem Verhältnis zu derjenigen von Vers 1₁₈: Innerhalb des gleichen Zeitraums wird die gleiche Handlung, das Üben von Barmherzigkeit und das Begraben der Toten, zuerst im Imperfekt als dauernder Zustand formuliert (ἐδίδουν, ἔθαπτον), dem gegenüber dann das Begraben der von Sanherib getöteten Juden als die wiederholte Einzelhandlung erscheint, und darum im Aorist erzählt wird (ἔθαψα).

[3]) Die Varianten (s. App.) gehen hier nur um die Alternative einer indikativischen Aoristform mit (A) oder ohne ἐάν. Augmentindikativ mit (ἐ)άν (Bl.-Debr. 367) liegt noch vor in 7₁₁ ὅποτε (ἐ)ὰν εἰσεπορεύοντο (εισπορευωνται (-ονται 71-74) a⁻⁴⁰² 46 126; πορευωνται (-ονται 669) 488), eine Ausnahme in der stereotypen Wendung 4₁₉ ὃν (ἐ)ὰν θέλῃ = 𝕲ᴵᴵ (vgl. den sigmatischen Aor. 4₅).

88

den Eindruck des Ursprünglichen, die doppelte Infinitivkonstruktion den Eindruck der sekundären Angleichung an die Textform $\mathfrak{G}^{II}$ (S) erwecken. Aber zwei Gründe sprechen dagegen: 1. Eine analoge Formulierung mit dem Imperativ ἐπίταξον und dreigliedriger Infinitivkonstruktion ist 3₁₅ in einer Weise überliefert, die ihrer Bezeugung nach den sekundären Charakter des Übergangs in finite Verbformen eindeutig zeigt (ἐπιβλέψαι] επιβλεψον 311 318 ἐλεῆσαί] ελεησον 249 46 126 318 ἀκοῦσαί με] ακουσαιμι 249 318 535; ακουσομαι 46: cf $\mathfrak{G}^{II}$ (319 La)). 2. Die finiten Verbformen von συγκαταγηρᾶσαι in 8₇ mit den Endungen -σομαι und -σομεν lassen sich textgeschichtlich am besten als Transformationen einer Vorlage erklären, die ihrerseits bereits die eindeutig sekundären Zusätze der Pronomina, μοι (c 488 535) oder με (V 71 98 108 319) voraussetzt.

4.4.2. Nomen

Die Zeitbestimmung des Pfingsttages in 2₁ wird nach $\mathfrak{G}^{I}$ mit dem Ausdruck ἐν τῇ πεντηκοστῇ ἑορτῇ, ἥ ἐστιν ἁγία ἑπτὰ ἑβδομάδων formuliert, nach $\mathfrak{G}^{II}$ mit dem Ausdruck ἐν τῇ πεντηκοστῇ τῆς ἑορτῆς ἡμῶν, ἥ ἐστιν ἁγία ἑβδομάδων. Die Schwierigkeit der syntaktischen Zuordnung der nominalen Glieder hat Rahlfs veranlaßt, in $\mathfrak{G}^{I}$ mit A b 670 vor ἑορτῇ den Artikel einzufügen und auf diese Weise den Ausdruck τῇ ἑορτῇ als erklärende Apposition zu dem nominal verstandenen Begriff τῇ πεντηκοστῇ zu fassen[1]), und in $\mathfrak{G}^{II}$ in Angleichung an den so verstandenen Text von $\mathfrak{G}^{I}$ den Genitiv τῆς ἑορτῆς in den Dativ τῇ ἑορτῇ zu ändern und vor ἑβδομάδων die Zahl ἑπτά einzufügen. Aber daß an dem Ausdruck ἡ πεντηκοστὴ ἑορτή als Bezeichnung des Pfingstfestes nicht zu zweifeln ist, beweist Josephus (Ant XIII 252)[2]), und daß dieses Fest als (ἡ ἑορτή), ἥ ἐστιν ἁγία ἑβδομάδων, „das Fest, welches das heilige Fest der Wochen ist" — ohne Näherbestimmung als Fest der sieben Wochen — charakterisiert werden kann, liegt von der ältesten Tradition her, die den Ausdruck ἑορτὴ ἑβδομάδων als die älteste Bezeichnung des Pfingstfestes erweist (Exod 34₂₂ Deut 16₁₀), sogar näher[3]). ἑπτά ist nur $\mathfrak{G}^{I}$ zugehörendes Interpretament. Somit bleibt nur noch die Frage, ob die Genitivkonstruktion in $\mathfrak{G}^{II}$ (ἐν τῇ πεντηκοστῇ) τῆς ἑορτῆς ἡμῶν aufrecht erhalten werden kann. Der überlieferte Text beider Textformen läßt darauf schließen, daß ihnen der absolute Ausdruck ἡ πεντηκοστή noch nicht bekannt ist. Für die Textform $\mathfrak{G}^{II}$ ist von hier her am ehesten der ur-

---

[1]) So schon Ilgen S. 23f. Anm. ⁿⁿ).
[2]) Sonst hat Josephus gewöhnlich absolutes ἡ πεντηκοστή: Ant III 252, XIV 337, XVII 254, Bell I 253 II 42 VI 299.
[3]) Die Wiederaufnahme des Ausdrucks ἡ τῶν ἑβδομάδων ἑορτή mit dem gleichbedeutenden πεντηκοστή in der erklärenden Formulierung ἡ λεγομένη πεντηκοστή in Mac II 12₃₁ ₃₂ scheint für diese Zeit das Durchdringen der der älteren Überlieferung nicht bekannten Bezeichnung πεντηκοστή anzuzeigen.

sprüngliche Sinn des Begriffs, $\dot{\eta}\ \pi\varepsilon\nu\tau\eta\varkappa o\sigma\tau\dot{\eta}\ \dot{\eta}\mu\acute{\varepsilon}\varrho a$, anzunehmen[1]), der dann mit dem Genitivattribut $\tau\tilde{\eta}\varsigma\ \dot{\varepsilon}o\varrho\tau\tilde{\eta}\varsigma\ \dot{\eta}\mu\tilde{\omega}\nu,\ \dot{\eta}\ \dot{\varepsilon}\sigma\tau\iota\nu\ \dot{a}\gamma\acute{\iota}a\ \dot{\varepsilon}\beta\delta o\mu\acute{a}\delta\omega\nu$, in der Weise erklärt wird, daß der Zeitraum der sieben Wochen, der in ihm vollendet wird, als ein Bereich bestimmt werden soll, der mit zur festlichen Zeit gehört: „Am fünfzigsten Tag unseres Festes, welches das heilige Fest der Wochen ist". Daß diese Formulierung mit dem Genitiv nicht lediglich eine Sonderlesart des Codex Sinaiticus ist, beweist innerhalb der altlateinischen Überlieferung der Textform $\mathfrak{G}^{\mathrm{II}}$ die syntaktisch harte Beibehaltung des Genitiv in Hs. La^{X}: *in pentecosten diei festi nostri*, während die von den Hss. La$^{-\mathrm{WX}}$ überlieferte Formulierung im Ablativ, *die festo*, übersetzungstechnisch naheliegend und darum kein Argument für $\tau\eta\ \varepsilon o\varrho\tau\eta$ in der griechischen Vorlage ist. Der Text von Hs. La^{W} unterstützt trotz freier Wiedergabe den Text des Codex Sinaiticus und seine hier vorgeschlagene Deutung: *in pentecosten, quae est sola sancta septimanarum*: „am Pfingsttag, welcher der einzige heilige Tag der Zeit der Wochen ist".

4.5. Grammatica

Das Gesamtbild der grammatischen Erscheinungen[2]) ergibt auch für die Überlieferung des Tobitbuches, daß grundsätzlich die ältesten Zeugen, in erster Linie der B-Text, die sprachgeschichtlich der hellenistischen Zeit einzuordnenden Formen überliefern, die mit größter Wahrscheinlichkeit als ursprünglicher Text aufgenommen werden dürfen. Doch ist auch in diesem Buch die grundsätzliche Regel relativiert einerseits durch die sporadische Funktion des B-Textes als Träger der Rezensionen, andererseits durch die Möglichkeit, daß bereits die ältesten Zeugen innerhalb der Geschichte der Koinesprache ein späteres Stadium repräsentieren oder bei der in dieser Zeit häufigen Verwendung verschiedener Formen beim gleichen Verfasser das jeweils Sekundäre tradieren können. Unter dem Vorbehalt der darin begründeten Unsicherheit, die bei grammatischen Erscheinungen noch größer ist als bei den übrigen Kategorien, bedürfen hier die wichtigsten Textentscheidungen einer Begründung.

Bei verschiedenen Formen der Wortbildung bewahrt der B-Text gewöhnlich die ursprüngliche Form. 9₆ $\check{\omega}\varrho\vartheta\varrho\varepsilon\upsilon\sigma a\nu$ B Sixt ($o\varrho\vartheta\varrho\varepsilon\sigma a\nu$ 122; $\omega\varrho\vartheta\varepsilon\upsilon\sigma a\nu$ 46) ist aus diesem Grunde und weil die Bildung, die zwar von Moeris als attische Form dem hellenistischen $\dot{o}\varrho\vartheta\varrho\acute{\iota}\zeta\varepsilon\iota\nu$ gegenübergestellt wird[3]), auch in hellenistischer Zeit nachgewiesen ist[4]), obwohl die Sprache der LXX anderwärts nur $\dot{o}\varrho\vartheta\varrho\acute{\iota}\zeta\varepsilon\iota\nu$ kennt, dem von den übrigen Zeugen überlieferten $\omega\varrho\vartheta\varrho\iota\sigma a\nu$ vor-

---

[1]) Vgl. die Definitionen bei Philo decal 160, spec leg II 176.
[2]) Vgl. Tob Einl. S. 36—41.
[3]) S. 249; vgl. Phryn PS p. 93B.
[4]) Außer E Tr 182 Supp 978 auch Theoc 10. 58.

zuziehen. Dagegen dürfte in 14₁₅ ἠχμαλώτευσεν (αιχμ. 58 319)] ηχμαλωτισεν (αιχμ. 55) B 55 Sixt, wo nach Ausweis von 1₂ ἠχμαλωτεύθη = 𝔊^II] -τισθη 126 und 10 ἠχμαλωτίσθην: cf 𝔊^II] -τευθην 535 beide Formen im ursprünglichen Text von 𝔊^I vorausgesetzt werden müssen, der B-Text — gegen Rahlfs — als Angleichung an die Textform 𝔊^II zu erklären sein. Die gleiche Voraussetzung der Korrektur nach 𝔊^II im B-Text zu 13₁₁ ἀγαλλίασιν] -αμα B Sixt Ra. = 𝔊^II ergibt für diese Nominalbildungen, die in LXX etwa zu gleichen Teilen überliefert, aber nur innerhalb der Psalmen und in Is 51₁₁ im gleichen Buch nebeneinander bezeugt sind, für die Tobitüberlieferung eine konsequente Zuordnung von ἀγαλλίασις zur Textform 𝔊^I (13₁ ₁₁) und von ἀγαλλίαμα zu 𝔊^II (13₁₁ ₁₈).

Die Einführung der Formen des klassischen z w e i t e n A o r i s t s ist weitgehend eine Eigentümlichkeit der Rezension a. Die Bewahrung des hellenistischen e r s t e n A o r i s t s konzentriert sich grundsätzlich auf die ältesten Zeugen[1]). Das gilt für den B-Text z.B. in 3₉ ἀπέθαναν B A 64-728 c 46 (vid; non 52) 55 311 318 392 488 535 Ald Sixt] -νε(ν) 98*-243-731 (non Ald); -νον rel = 𝔊^II (S; -νωσαν 319) und auf breiterer Überlieferungsgrundlage für 2₁ ἀνέπεσα = 𝔊^II (S)] -σον (ενεπ. 71) a 249′ 126 488. Das Zeugnis der ältesten Hs., des dem 3. Jh. zugehörenden Papyrus 990, in 12₁₆ ἔπεσαν A V 990 b^-98 55 311 392 535 583 = 𝔊^II (S) 𝔊^III (106)] -σον rel = 𝔊^III (107) erweist nunmehr die konsequente Bewahrung der hellenistischen Form bei πίπτειν in 𝔊^I und den B-Text an dieser Stelle als Träger der Rezension a. Das Sprachstadium unterscheidet sich an diesem Punkt von dem des Buches Iudith[2]), stimmt aber — allerdings nur auf Grund eines einzigen Beleges[3]) — mit dem des Buches Esther überein.

Weitgehend konsequenter Gebrauch läßt sich auf Grund der Überlieferung für die Textform 𝔊^I auch beim t e m p o r a l e n A u g m e n t feststellen. Bei προσεύχεσθαι weist der der Überlieferung nach eindeutige Fall 12₁₂ προσηύξω] προσευξω 74 für die Ausstoßung des Augments auf Zeugen der Rezension a hin. Danach ist die Überlieferung in 3₁ προσηυξάμην (ηυξ. 71-74′-402 126)] προσευξ. B 731 (non Ald) Sixt Ra., ευξ. a^-71 74′ 402 488 in dem Sinn zu erklären, daß der B-Text, der nach dem Befund von Esdr I von sich aus zur Augmentvermeidung tendiert[4]), auch hier diese sekundäre Tendenz mitvertritt. Die gleiche Tendenz ist auch bei εὐφραίνεσθαι auf die Rezension a zurückzuführen: 8₁₆ ηὔφρανάς] ευφρ. B^c (non 122) a 64-248-381 c 46 319 488. Das Sprachstadium entspricht dem für Esdr I festgestellten: Die Ausstoßung des Augments ist bei εὐλογεῖν, begünstigt durch die Absicht, die Bedeutung von εν im Compositum zu bewahren, bereits durchgedrungen[5]), bei προσεύχεσθαι und εὐφραίνειν noch nicht[6]).

---

[1]) Vgl. Tob Einl. S. 47. [2]) Vgl. TGI S. 106f.
[3]) 6₁₀; vgl. Est Einl. S. 119.
[4]) Vgl. TGE S. 123f. und 33.
[5]) Die Belege s. Tob Einl. S. 46.
[6]) Vgl. TGE S. 123f.; vgl. auch Est C₂₉ (Einl. S. 118), Idt Einl. S. 39f.

Gemäß der auch im Buch Tobit durchgehaltenen Regel, das Reflexivpronomen konsequent nur noch bei unmittelbarer, auf das Subjekt bezogener Ergänzung des Verbums zu setzen[1]) und auf Grund des textgeschichtlichen Befundes, daß die ältesten Zeugen eine Tendenz zur Wiedereinführung des Reflexivpronomens auch in anderen Fällen aufweisen[2]), muß in 8_{11} $\tilde{\eta}\lambda\vartheta\varepsilon\nu$ $\dot{P}\alpha\gamma o\nu\dot{\eta}\lambda$ $\varepsilon\dot{\iota}\varsigma$ $\tau\dot{\eta}\nu$ $o\dot{\iota}\varkappa\dot{\iota}\alpha\nu$ $\alpha\dot{v}\tau o\tilde{v}$ der Text der Rezensionen gegen die von Rahlfs vorgezogene Lesart $\varepsilon\alpha\upsilon\tau o\upsilon$ der Unzialen und abhängigen Minuskeln (B A V 46 55 318 319 392 Sixt) als ursprünglich aufgenommen werden.

---

[1]) Vgl. TGI S. 108f., TGE S. 124ff., Est Einl. S. 111f.

[2]) Vgl. TGI S. 63, in Tob noch die Sonderlesart 7_7 $\tau\omega\beta\varepsilon\iota\tau$ $\alpha\pi\omega\lambda\varepsilon\sigma\varepsilon\nu$ $\tau o\upsilon\varsigma$ $o\varphi\vartheta\alpha\lambda\mu o\upsilon\varsigma$ $\varepsilon\alpha\upsilon\tau o\upsilon$ B Sixt.

Verzeichnis der wichtigsten besprochenen Stellen

Verzeichnis der wichtigsten besprochenen Vokabeln